오늘의 기분은
무슨
색일까?

오늘의 기분은 무슨 색일까?

하루를 내 편으로 만드는 컬러 명상 수업

김아라 지음

스테이블

퇴사를 마음먹고 꼭 해보고 싶었던 버킷리스트 중 하나는 명상 소모임 운영이었습니다. 프로그램을 다 구성해 두고도 한참을 망설이다가, 결국 어느 금요일 오후 사내 게시판에 용기내 글을 올렸습니다.

"출근 10분 전 같이 명상해요!"

잘해봐야 10명쯤이나 반응을 보일까 싶었는데 주말 동안 카카오 계열사 전체로 게시물 링크가 퍼졌고, 수백 개의 좋아요와 댓글이 달리기 시작했습니다.

그렇게 '크루의 컬러 명상'이라는 이름으로 일주일에 1번 목요일 아침마다 화상회의 플랫폼 줌Zoom에서 모였고, 6주간 약 100명의 동료를 만났습니다. 여기 모인 단 1명이라도 명상으로 인해 출근하는 마음이 편해진다면 더 바랄 게 없다고 생각했습니다.

직장인 1년 차 때, 저는 점심시간마다 내과·이비인후과·치과 등 회사가 있던 서울시 상암동의 온갖 병원을 들락거렸습니다. 자주 야근을 했고 자꾸 아팠습니다. 3년 차 때는 이유 모를 신경성 두통으로 약을 먹고, 강한 압의 스포츠 마사지를 찾아다녔습니다. 7년 차에는 경기도 판교 인근의 심리상담실에서 매주 펑펑 우는 사람이었습니다.

직장인으로 지낸 7년간 저는 일을 사랑했습니다. 쉴 때도 늘 회사 이야기를 했습니다. 일이 재미있고 더 잘하고 싶어서 일잘러(일잘er, 일을 잘하는 사람)가 되려고 했습니다. 그런데 이상하게도 점점 불행해졌습니다.

힘들게 시간을 보내며 고민한 끝에 일을 잘하는 것보다 일하는 마음이 더 중요하다는 것을 깨달았습니다. 성과도 커리어도 좋지만 내 마음의 상하고 다친 곳을 먼저 들여다볼 때라고 생각했습니다. 그렇게 명상을 배우고 색채심리상담사 자격증을 땄습니다. 그리고 이직할 회사를 정하지 않은 채 퇴사를 했고, 카카오 사내 게시판의 모임은 '뉴스레터 비잉 10: 오늘의 컬러 명상'이라는 이름으로 진화해 1년 넘게 발행되고 있습니다.

이 책은 그간의 뉴스레터를 보완하고 새롭게 추가한 내용으로 이루어졌습니다. 너무 열심히 살아가느라 소진되어 주말과 월급날만을 기다리는 모든 직장인의 마음챙김을 위한 '컬러 명상' 안내서입니다. 컬러 명상법은 머릿속을 한 가지 색으로 채웠을 때 더 쉽고 오래 주의를 기울일 수 있다는 경험에서 착안했습니다. 컬러가 가진 심리적 효과와 명상의 결합으로, 바쁜 일상 속에서도 누구나 쉽게 마음건강 회복을 경험할 수 있습니다. 종교색이 없으므로 편하게 시작해 보세요. 하루에 한 가지 색을 골라 집중적으로 명상해도 좋고, 여러 색이 담긴 책장을 넘기며 마음을 다채롭게 채워도 좋습니다. 이 책에서는 회사에서의 1년을 4개의 분기로 나누어 그때그때 마주할 다양한 상황을 버텨내기 위한, 다채로운 컬러를 처방했습니다.

성공과 실패만이 존재하는 듯한 흑백의 세상에서 나만의 색을 잃어버리지 않도록, 가능하면 한 페이지마다 3분 또는 5분 타이머를 걸어두고 머릿속으로 컬러를 떠올리며 명상해 보시기를 바랍니다. 눈길이 잘 가는 위치에 두고 명상이 필요할 때 언제든 꺼내 읽어보세요.

5   *prologue*

Chapter 1. _____

마음을
움직이는
색

14   **습관성 작심삼일이 어때서**
믿어주는 초록색

20   **혼자서도 편안하고 당당하게**
홀로 서는 연보라색

26   **무사한 하루에 감사해**
무사한 회색

32   **나는 꼭 필요한 사람일까?**
적격한 검은색

38   **물경력이라는 나쁜 말**
불꽃 같은 빨간색

44   **왜 나만 노력하는 것 같지?**
긍정왕 레몬색

50   **이직을 결심한 나에게**
넘실대는 파란색

56   **이번 생은 망하지 않았다**
다시 시작하는 다홍색

60   **어떤 순간에도 품위 있고 당당하게**
자부심 있는 자주색

66   **나에 대한 평가를 들었다면**
나아가는 노란색

Chapter 2. _____

**하루의
활기를 주는
색**

74 **선배가 된 나에게**
깊어지는 와인색

80 **유행하는 리추얼을 따라 하다가**
다정한 연파란색

86 **만약 시간이 생긴다면**
충전하는 초록색

92 **이걸요? 제가요? 왜요?**
한계 없는 파란색

98 **마음에 몰래 쓰는 색안경**
남다른 핫핑크색

104 **가끔은 투명인간이 되고 싶어**
시선 강탈 오렌지색

110 **일을 잘하는 사람의 마음가짐**
배려하는 초록색

116 **사소한 다정함의 힘**
지켜보는 연분홍색

120 **불편한데도 아무렇지 않은 척**
선 긋는 노란색

126 **아무것도 하기 싫을 때**
안온한 베이지색

Chapter 3.

**편안하게
스며드는
색**

134 **배터리처럼 충전이 필요해**
쉬고 싶은 연두색

140 **도통 집중이 안 된다면**
끈질긴 갈색

146 **열정과 의욕이 어디 갔을까?**
추진력 있는 빨간색

152 **답답할 때는 구조 신호를 외쳐**
다스리는 진초록색

158 **내가 왜 나를 괴롭히지?**
인정하는 귤색

162 **어른에게도 칭찬이 필요해**
칭찬하는 노란색

166 **나이듦에 관하여**
두렵지 않은 주황색

172 **밤의 퇴근길에 드는 생각**
번아웃 주의, 남색

178 **마음의 문을 닫고 싶을 때**
포기하는 청보라색

184 **명절이 달갑지 않은 이유**
마이웨이 마젠타색

Chapter 4. _____

내 안에
머무는
색

192 **빨리빨리가 전부는 아니니까**
여유로운 민트색

198 **책임감의 무게**
자책하는 진회색

204 **내 마음대로 할 수 있는 게 뭘까?**
가능한 흰색

210 **빌런이 되고 싶은 사람은 없다**
사려 깊은 파란색

216 **나만의 기준을 가졌는가**
가치 있는 보라색

222 **월급이 통장을 스쳐 간다**
자유로운 파란색

228 **우리에게는 감정이 있다**
온정적인 살구색

234 **커피 좀 마시고 올게요**
마음에 틈을 주는 하늘색

238 **타인의 삶에 마음이 흔들릴 때**
조화로운 초록색

244 **미래의 나에게**
용감한 흰색

찾아보기 248 **이럴 때 이런 색**
상황별 맞춤형 컬러 가이드

Chapter 1.

마음을
움직이는
색

Green

Lavender

Grey

Black

Red

Lemon

Blue

Light Red

Magenta

Yellow

습관성 작심삼일이
어때서

———————————————————————————— *Green*

컬러 믿어주는 초록색

명상 내 마음 알아차리기

잘하고 싶은 마음에 시작조차 힘겨운 일이 있습니다. 시작도 안 했는데 완벽한 끝을 원하고 있기 때문은 아닐까요. 무언가를 해내겠다는 마음은 일하는 동력이 되기도 하지만, 결과가 잘 나오지 않을 때는 자기비하나 무력감을 불러오기도 합니다. 내가 못나고 부족해서 이 일을 제대로 못했다고 착각하게 됩니다. 그렇지만 그런 상태는 실패가 아니라 잠깐 멈춰 있는 것뿐입니다.

저는 이런 사람들이 참 좋습니다. 끝장을 보려는 사람들, 김칫국을 팔팔 끓이는 사람들, 작심삼일에 그쳐 반성하고 또 다른 작심삼일을 궁리하는 사람들이요. 내 안에 작은 완벽주의자가 나를 못살게 굴 때 필요한 건 스스로를 좀 더 믿어주는 마음 아닐까요.

어떤 마음이 나를 가로막고 있는지 한번 들여다 보세요. '~해야 하는데 못 하고 있는 이유'라는 제목을 적고 그 아래 리스트를 써봅시다. 마감해야 하는데, 운동해야 하는데, 접수해야 하는데… 못 하고 있는 일들에는 그만큼의 이유가 있겠지요. 최고가 되고 싶은 마음, 성공 사례를 만들어서 누군가에게 인정받고 싶은 마음들이 가득하겠지요. 자책하지 마세요. '나에게 이런 욕심이 있구나' 하고 알아차리면 됩니다.

오늘의 기분은 무슨 색일까

오늘의 기분은 무슨 색일까

오늘의 컬러 '믿어주는 초록색'으로 함께 명상해 봅시다. 봄날의 새순처럼 밝은 초록색을 머릿속에 떠올려보세요. 초록색의 움트는 기운을 나에게 불어넣을 시간입니다. 지금부터 깊은 심호흡을 세 번 해봅시다. 코로 깊이 들이마시고 입으로 후- 뱉으며 내쉽니다.

완벽하지 않아도 좋은 시작이 될 수 있다고 믿어보세요. 모든 나무는 손톱만 한 작은 싹으로 시작합니다. 아름드리나무가 하룻밤 사이에 자라는 법은 없어요. 제대로 해내야 한다는 부담이 느껴진다면 그 마음을 호흡에 담아 멀리 내쉬어 보세요. 원하는 일을 더 쉽고 가볍게 시작할 수 있을 겁니다.

오늘의 기분은 무슨 색일까

혼자서도
편안하고 당당하게

────────────────────────────────── *Lavender*

컬러   홀로 서는 연보라색

명상   자유로움 채우기

일 호흡이 잘 맞으면서 적당히 편안한 사담을 나눌 수 있고, 웃음 코드도 통하는 동료가 있다면 쉽게 가까워지겠지요. 주변에 이런 사람이 있다면 큰 행운일 겁니다. 그러나 소소하게나마 마음을 나눌 수 있는 동료가 단 한 명도 없는 회사도 있습니다. 혹 있더라도 친해지기 힘들어하는 경우도 많지요. 이럴 때는 화목해 보이는 다른 동료들의 모습을 괜히 부러워하기도 합니다.

그래도 잘 지내고 싶은 마음을 담아, 경직된 분위기를 풀어보려고 노력해 본 적이 있겠지요. 재미없는 농담에 웃어준다거나 좋아하지도 않는 간식을 먹으면서요. 먼저 다가가려는 햇살 같은 따뜻한 마음이 부디 상처받지 않았으면 좋겠습니다. 이런 노력을 알아주는 사람은 분명 생겨날 겁니다.

직장 내 소외감을 겪는 상황은 코로나 시국에 재택근무를 하면서 더 많아졌다고 합니다. 동료들과 랜선으로 어디에서든 연결될 수 있지만, 진정한 소통은 더 어렵게 되었습니다. 그럴수록 메신저 말풍선 하나, 이메일 한 줄 사이에서 관심과 온기를 기대하게 됩니다.

대단한 다정함이나 자상함을 바라는 것도 아닌데 일터가 삭막하게만 느껴져 서러워지는 날. 그런 마음을 위한 오늘의 컬러는 '홀로 서는 연보라색'입니다.

　　　　　오늘의 기분은 무슨 색일까

23   오늘의 기분은 무슨 색일까

분홍색보다 조금 차분한 분위기의 연보라색 라벤더 꽃을 떠올려보세요. 도시에서 멀리 떨어진 어느 들판, 바람에 흔들리는 라벤더가 잔뜩 피어 있습니다. 딱히 털어놓을 데 없던 외로운 마음들이 모여 이렇게 꽃밭이 되었네요. 아름다운 풍경입니다.

지금부터 깊은 심호흡을 세 번 해봅시다. 코로 깊이 들이마시고, 입으로 후– 뱉으며 내쉽니다.

내가 원하는 사람들과 상황이 지금 내 주변에 없더라도, 불평이나 질투하는 데 시간을 보내기보다는 있는 그대로의 모습으로 혼자 있어보세요. 홀로 서 있는 나의 모습은 당당하고, 편안하고, 안정적이고, 자유롭습니다.

보라색은 창의와 영감의 색이기도 합니다. 일하는 동안 고독함으로 인해 마음에 상처가 났다면, 그곳에 나만의 우아한 연보라색 자유로움을 가득 채워보세요. 혼자 있어도 충분한 내 모습을 의식하면서, 어제와 같은 사람들 틈에서 새로워진 나를 한번 느껴보세요.

　　　　　　　　　　　　　오늘의 기분은 무슨 색일까

무사한 하루에

감사해

———————————————————————— *Grey*

컬러 무사한 회색

명상 오늘의 평온함 소중히 여기기

핀 조명을 받은 것처럼 빛이 나고 화려해 보이는 직무가 있습니다. 동료의 일이거나 소셜미디어 속 멋진 프로필 사진을 한 누군가의 모습일 수도 있습니다. 나와는 멀게 느껴지고, 상대적으로 내 커리어가 초라해 보이기도 합니다. 그렇지만 주목받지 않더라도 성실하게 보낸 시간들이 쌓여 오늘도 나를 무사히 출근하고 퇴근하게 합니다.

평범하고 무난한, 옷장 안에 하나쯤 걸려 있을 법한 후드티 색깔 같은 회색을 떠올려보세요. 회색은 눈부시게 빛나는 흰색과 칠흑 같이 어두워서 매력적인 검정 사이에 있는 색입니다. 어느 한쪽에도 과하게 치우침 없는, 세상에 꼭 필요한 색이지요.
'내 커리어는 왜 명확하거나 뾰족한 무언가가 없을까?'
이런 고민보다는 별일 없이 무사했던 오늘을 감사해 보는 건 어떨까요. 오늘의 컬러는 '무사한 회색'입니다.

취업을 위해, 모 기업 자소서를 쓰던 친구가 투덜거렸던 적이 있습니다. 글로벌리더가 되기 위해 어떤 역량을 갖추고 있는지 서술하라는 질문에 괴로워하면서요.
"왜 내가 글로벌리더가 되고 싶을 거라고 생각하는데? 난 싫어! 대신 진짜 좋은 팀원은 될 수 있단 말이야."

오늘의 기분은 무슨 색일까

일리 있다고 생각해 오래도록 기억에 남는 말입니다. 화려한 스펙의 글로벌리더로 성장하는 건 분명 선택받은 소수겠지요. 그렇지만 우리는 모두 누군가의 좋은 동료는 되어줄 수 있을 겁니다.

옆자리에 앉아 있는 평범하고 성실한 동료들이 더 행복하고 보람있게 일했으면 좋겠습니다. 경쟁에 상처받지 않고, 불합리한 이유로 눈치보지 않고, 주어진 일만 잘해내도 그대로 괜찮았으면 좋겠어요.

오늘 하루는 주변에서 쉽게 볼 수 있는 회색을 만날 때마다 마음속으로 '내가 무사하기를!' 하고 말해 보세요. 지금부터 만트라 명상을 함께해 보겠습니다. 만트라는 깨달음을 위한 힘을 가진 문장을 말합니다. 아래 문장을 소리내 읽어 보세요. 상황이 여의치 않다면 속으로 따라 읽어도 괜찮습니다.

- 나는 오늘의 평온함을 소중하게 생각합니다.
- 조용하고 단조로운 일상을 무사함으로 여깁니다.
- 오늘의 무사는 과거의 내가 성실하게 이룬 것입니다.

31   오늘의 기분은 무슨 색일까

나는 꼭 필요한
사람일까?

컬러   적격한 검은색

명상   내 안의 경험과 만나기

오늘도 나는 출근할 자격이 충분합니다. 입사 면접을 치룬 지가 이미 오래전인데 새삼스럽게 무슨 자격이냐고요? 그런 사무적인 자격만으로는 나를 설명하기에 충분하지 않습니다.

나는 이 자리에 꼭 필요한, 적격한 사람입니다. 진심으로 그렇게 믿어보는 거예요. 그러면 오늘 처리해야 할 일은 어깨를 짓누르는 돌덩이가 아니라 나의 자격을 확인하는 데 필요한 과정일 뿐입니다.

'직장인의 자격'은 시험 점수나 등급처럼 수치로 정리하기가 어렵습니다. 무어라 똑 떨어지게 표현할 수 있는 말이 쉽게 떠오르지도 않고요. 그래서 많은 사람들은 이런 생각에 빠집니다.

'일이 어려워요. 진짜 힘들어요. 나는 이걸 할 자격이 없는 것 같아요.'

얼마나 더 가야 목적지가 나올지 모를 캄캄한 밤에, 가로등 하나 없는 길을 걷는 듯한 기분이 드는 것이겠지요. 그런 마음은 마치 칠흑 같은 밤 즉, 검은색과 비슷합니다.

수많은 색의 물감을 모두 섞으면 검은색이 됩니다. 겉으로는 화려해 보이지도 않고, 다양한 느낌이 전혀 없지만 사실다 준비돼 있는 상태가 바로 검은색입니다.

오늘의 기분은 무슨 색일까

오늘의 기분은 무슨 색일까

검은색처럼 지금의 내 안에는 이미 여러 가지 경험이 충분히 들어 있습니다. 그러니 뭐든 자유롭게 생각하고 떠들 자격이 있습니다. 누구도 이를 빼앗거나 낮춰 볼 수 없습니다. 나는 내 안에 있는 것들을 펼칠 자격이 있는 사람입니다.

오늘의 컬러 '적격한 검은색'으로 함께 명상해 보겠습니다. 컬러만으로 집중하는 게 어색하다면 조금 더 직관적인 촉감의 도움을 받아봅시다. 마실 것(커피, 물, 차, 주스 등)이 든 컵이나 텀블러를 명상 도구로 준비해 손에 쥐어보세요. 손에 닿는 물건의 느낌에 집중해 보면 딱딱하거나 매끄럽거나 까끌까끌할 겁니다. 온도는 어떤가요? 따뜻하거나 미지근하거나 차가울 겁니다. 크게 심호흡을 한 번 해봅시다. 이제 모든 애씀을 잠시 멈춘 다음, 다양한 색을 빨아들인 검은색을 떠올려보세요.

내 안에는 검은색을 닮은 경험과 깊이가 있습니다. 내 본연의 생각과 감정들은 언제든지 펼쳐 보여줄 수 있고요. 검은색은 끝이 아니라 시작입니다. 곧 새로운 빛으로 빛날 겁니다. 언제나 충분했던 나의 자격을 확인하는 하루가 되시길 바랍니다.

물경력이라는
나쁜 말

———————————————————— *Red*

컬러   불꽃 같은 빨간색

명상   말의 무게 벗어던지기

물경력이라는 말이 있습니다. 결과적으로 성장하지 못하고 시간만 허비한 회사 생활을 뜻합니다. 도대체 이 말은 어디에서 온 걸까요? 아마도 물수능이다 불수능이다 구분짓는 것처럼 만들어진 말이 아닐까 싶은데요. 한편으로 유명 대학 이름의 앞글자를 따서 서열을 공식처럼 외우거나, 입사 선호도가 높은 IT 회사를 부르는 '네카라쿠배당토'가 있습니다. 저는 그다지 선호하지 않는 표현들입니다. 뭉툭하고 납작해진 단어에 많은 것들이 갇히고 닫혀 버린 것 같아서요.

'시간'에는 형체가 없습니다. 지구의 자전 주기를 재서 얻은 단위일 뿐이니까요. 그래서 사람들은 여기에 다양한 이름을 붙여 분명히 존재했던 '경험'으로 만듭니다. 예를 들면, 연애한 지 100일째 같은 식으로요. 그런데 시간에 이름을 잘못 붙이면 사실이 왜곡되기도 합니다. 물경력은 잘못 붙여진 이름이라고 생각합니다. 남이 뭐라고 평가하든 그 기간에 나는 참 애썼잖아요. 고생했고 서러웠잖아요. 뭐라도 배워왔을 거고요. 사소한 업무 습관이든 하다못해 그 회사 근처 맛집이라도요. 그런데 왜 이 시간을 엎으면 쏟아져 버리는 컵에 담긴 물로만 볼까요. 오히려 치열하게 불태운 불꽃 아닐까요.

오늘의 기분은 무슨 색일까

오늘의 컬러는 '불꽃 같은 빨간색'입니다. 밤하늘에 새빨간 형광빛 불꽃을 마구 쏘아올리는 축제 풍경을 상상해 보세요. 모양도 소리도 제각각인 떠들썩한 분위기가 즐겁지 않나요. 빨간 불꽃놀이를 찍은 사진 한 컷을 떠올리며 지금부터 깊은 심호흡을 세 번 해보세요. 코로 깊이 들이 마시고, 입으로 후– 뱉으며 내쉽니다.

지나간 시간에 후회가 있을 수도 있습니다. 그렇지만 이제 후회는 짧게 끝내고, 사진 속 불꽃처럼 빛나는 내 노력들을 인정해 주세요. 더 하고 싶었던 것, 배우고 싶었던 것들을 이제부터 하나씩 해나가면 됩니다. 그렇게 막막함은 서서히 지나갈 겁니다.

앞서 말한 잘못 붙인 이름에 대해 조금 더 이야기할게요. 저의 최근 직함은 과장이었습니다. 비교적 이른 나이에 과장을 달았는데, 조기 승진이 아니라 대외직함 제도 때문이었습니다. 대외직함은 직급 체계가 없는 수평 조직의 직원들이 외부 미팅 시, 본인 소개를 할 때 머쓱하지 않도록 조직장이 임의로 지정한 것입니다. 아직까지는 "김아라 님"이라는 호칭보다 "김 과장님"이라는 호칭을 보통의 회사에서는 더 일반적으로 여기고 있으니까요.

저는 "과장님"이라고 불릴 때면 아직 자격이 없다고 생각했

고 부끄러웠습니다. 저쪽에서 정말 저를 과장답다고 여길지, 얼마나 일을 잘하기에 저 나이에 과장을 달았는지 지켜보는 듯해서 불안했습니다. 남의 눈이 무서워서 몇 배로 노력하고 날을 세웠습니다. 외모 또한 성숙해 보이도록 치장하느라 명품 브랜드 제품을 충동 구매한 적도 있습니다. 수월하게 일하라고 붙여준 직함이 저에게는 짐이 되었습니다.

물경력이라는 말이나 그때 저를 부르던 과장처럼 잘못 붙여진 단어로 힘들어하고 있지는 않나요. 과감하게 그 말의 무게를 벗어던지는 하루가 되면 좋겠습니다. 나라는 사람은 내 이름만으로도 이미 불꽃처럼 충분히 빛나고 있으니까요.

> 이르는 곳마다 주인이 된다면
> 서 있는 곳마다 모두 참되다.
> 隨處作主 立處皆眞

임제 중국 당나라 선승

**왜 나만
노력하는 것 같지?**

————————————————————————————— *Lemon*

컬러   긍정왕 레몬색

명상   내 몸 아끼기

오늘도 텐션을 끌어올리기 위해 아이스 아메리카노를 마시고, 눈을 크게 뜨고 입꼬리를 올리는 나를 위한 명상입니다. 나는 밝고 눈부신 레몬색 에너지를 가지고 있습니다.

"안녕하세요!"

"식사는 하셨어요?"

"이 아이디어 너무 좋네요!"

이렇게 기분 좋은 대화의 물꼬를 틀 수 있는 에너지 말이지요. 때로는 내가 조금 노력해서 좋은 팀 분위기가 유지된다면 기꺼이 작은 희생도 감수하는 그 모습은 얼마나 대견한가요. 혹시 주변에서 내 노력을 몰라주는 것 같아 아쉬웠다면, 오늘 그 애씀에 무한한 응원의 박수를 보내봅시다.

오늘의 컬러는 '긍정왕 레몬색'입니다. 노랑 형광펜의 색을 떠올려보세요. 책에 밑줄을 긋거나 동그라미를 쳤을 때 눈에 확 띄게 만들어주지요. 그런데 이 색으로만 가득 필기된 종이를 본다고 생각해 보세요. 눈에 피로감을 주고 오히려 내용이 잘 보이지 않겠지요. 이런 레몬색의 느낌은 긍정왕들을 볼 때마다 걱정되는 부분과 닮았습니다.

'사람이 햇살처럼 따사롭다! 그렇지만 정말 매일 즐거울까?'

'매번 괜찮다고 하는데 진짜일까? 내면에 피로감을 외면하

고 있지는 않을까?'

피곤하고 지쳐도 괜찮습니다. 다운되어 있는 나 하나 때문에 분위기 흐리기 싫은 마음은 이해하지만, 남들을 위해 애쓰다가 내가 더 지쳐버린다면 그건 무엇을 위한 노력일까요. 차라리 솔직하게 "오늘 좀 힘든데 저랑 커피 마셔주실 분?" 하며 마음을 드러내보세요.

나의 노력이 조금 더 나 자신을 향하면 좋겠습니다. 나만의 온전한 평온과 기쁨을 바라며 말입니다.

오늘은 레몬색을 떠올리며 자애自愛 명상을 함께해 보겠습니다. 자애란, 내 몸을 스스로 아낀다는 뜻입니다. 나를 사랑하는 힘을 먼저 깨달으면 그 힘을 타인과 세상과 나눌 수 있습니다. 왼손바닥을 가슴 한가운데 올려놓고 잠시 온기를 느껴보세요. 그리고 내가 행복하기를 바라는 마음으로 이 문장을 입으로 따라 해보세요.

행복을 나에게
행복을 나에게
행복을 나에게.

그동안 많은 사람들 사이에서 웃고, 친절하게 행동하려 애썼던 나에게 행복만 있기를! 나의 눈부신 레몬색 에너지로 내 마음도 세상도 더 밝아질 겁니다.

매사에 긍정과 선의를 베푸는 것은 다소 이상적입니다. 특히나 일로 얽힌 관계에서 모두를 그렇게 대하기는 어렵지요. 때로는 경쟁과 승패가 있고, 비합리적인 환경도 있기 때문입니다. 나의 배려가 상대방의 배려로 돌아오지 않을 때 상처받기 쉬워집니다. 최근 그런 일이 있었다면 "행복을 나에게"라는 문장을 떠올리며 나를 위로해 주세요. 어쩌겠어요? 세상일이 모두 내 맘 같지는 않은걸요. 훌훌 털고 더 큰 행복을 찾으러 가봅시다. 그렇게 될 거니까요!

오늘의 기분은 무슨 색일까

이직을 결심한
나에게

—————————————————————————— *Blue*

컬러   넘실대는 파란색

명상   생각 정리하기

구인구직 웹사이트에 접속해 한동안 이용하지 않아 잘 기억나지 않는 아이디와 비밀번호를 찾아 로그인합니다. 이력서와 포트폴리오를 업데이트하고 이런저런 회사의 채용 정보를 기웃거립니다. 그러면서도 지금 하고 있는 일을 열심히 해내야 하고요. '환승 이직'을 준비하는 풍경입니다.

얼마나 힘들면 이렇게 고단한 길을 갈 결심을 할까요? 일터를 떠날 준비를 하는 사람은 이직이 확정되는 날까지 한순간도 마음이 편하지 않습니다. 이직을 준비하는 마음은 해변 모래사장에 파도가 연신 넘실대는 것처럼 잠잠하지 못하네요. 오늘의 컬러는 '넘실대는 파란색'입니다.

'세찬 바람과 거센 물결'이라는 뜻의 풍파風波는 사람에게 들이닥친 시련을 비유해 쓰이는 말입니다. 손에 닿으면 차가워 정신이 번쩍 들 것 같은 풍파가 눈앞에 넘실대고 있다 해도, 쉬이 나를 잠식하지 않도록 신경을 곤두세워 봅시다. 걱정 마세요. 해낼 수 있습니다.

지금 직장에서의 생활은 견디고 버텨야만 하는 괴로움일지 모르지만 과거의 언젠가는 분명히 나를 필요로 했던 곳이고, 이곳에서 진심으로 미소짓기도 했습니다. 이제는 이 모든 것을 뒤로하고 새로운 결정을 한 나를 응원합니다.

오늘의 기분은 무슨 색일까

파란색을 떠올리며 지금부터 바디스캔 명상을 함께하겠습니다. 앉거나 서 있는 상태에서 자세를 바르게 가다듬고, 오른쪽 어깨의 감각에서 왼쪽 어깨의 감각으로 주의를 옮겨보겠습니다. 내 안에 바다가 있어서 파란색 물결이 찰랑찰랑 오간다고 상상하는 거예요. 숨을 들이쉬며 내 몸의 오른쪽을 감각해 보고, 내쉬며 왼쪽으로 스르륵 집중을 옮겨봅니다. 파도가 왔다 가면서 모래사장에 써놓은 낙서를 지우듯이, 복잡했던 마음이 조금은 정리될 겁니다. 몇 번 반복하면서 불편하거나 뻣뻣한 부위가 있다면 호흡을 두세 번 더 하며 머물러도 좋습니다. 긴장된 몸이 충분히 이완될 거예요.

오늘의 기분은 무슨 색일까

이번 생은
망하지 않았다

Light Red

컬러   다시 시작하는 다홍색

명상   마음이 편해지는 음악 듣기

너무 걱정하지 마세요. 누구나 이런저런 것들에서 실수하며 삽니다. 일·돈·건강·사랑·우정 같은 중요한 것들을 망치고, 일상의 작은 것들도 망쳐버리지요. 어떤 대비도 하지 못해 "망했다!"를 외치게 되는 날이 있습니다. 그런 실수는 시간이 지나도 쉽게 떨쳐 버리기 어렵습니다. 머릿속을 떠나지 않는 그날의 풍경과 감정 때문에 힘들어하고 있다면, 통증이 있는 부위를 째고 수술해 봅시다. 구체적으로 뭐가 어떻게 망했는지 분석해야 합니다. 나를 힘들게 하는 건 정확히는 그때의 상황보다 그 순간의 기분입니다. 상황은 잘못을 바로잡고 다시 시작하면 됩니다.

밝은 빨강 계열의 다홍색을 떠올려보세요. 핏빛처럼 짙은 빨강보다는 덜 위협적이지만, 충분히 강해질 수 있는 잠재력을 가진 색입니다. 오늘 하루 명상의 도구가 되어줄 컬러는 '다시 시작하는 다홍색'입니다.

우리는 때때로 살아온 삶 전체를 통째로 망친 것으로 생각하고는 합니다. "이번 생은 망했다"는 말을 너무 쉽게 하지요. 이룬 게 없고, 이제껏 내 선택은 잘못한 게 너무 많았고, 기회는 다 놓쳐버렸고, 앞으로도 좋은 일은 없을 거라고 말입니다. 그럴 리가 없는데도요.

오늘의 기분은 무슨 색일까

초등학생 때 읽었던 위인전 시리즈를 떠올려보세요. 똑같은 크기로 나란히 책꽂이에 있던 전집이요. 어른들은 어린이들에게 역경을 극복하고 역사에 자기 이름을 남긴 사람들의 일대기를 읽게 합니다. 어릴 때는 이런 이야기에 자극을 받고 계속해서 책을 읽어나갑니다. 그러나 어른이 된 지금 위인전을 많이 읽지 않는 이유는 이미 나 스스로가 크고 작은 괴로움을 이겨낸 사람이기 때문일지도 모릅니다. 나는 나의 방식으로 살아남았습니다. 앞으로도 그렇게 다시 시작하면 됩니다. Replay 또는 ▶ 모양일 수 있는 나만의 '다시 시작' 버튼을 눌러보세요.

머릿속에 다홍색을 가득 채운 다음 지금부터 만트라 명상을 함께해 보겠습니다. 마음이 편안해지는 명상 음악을 재생하고 문장을 소리내 읽어보세요. 상황이 여의치 않다면 속으로 따라 읽어도 괜찮습니다.

◆ 나는 내가 원하고 바라는 것을
알고 있습니다.
◆ 내 생각과 계획을 스스로
홀대하지 않습니다.
◆ 나는 오늘도 좋은 선택을
할 것입니다.

오늘의 기분은 무슨 색일까

어떤 순간에도
품위 있고 당당하게

Magenta

컬러   자부심 있는 자주색

명상   나를 믿어주기

일에서 갑을 관계를 경험하는 것은 흔합니다. 입사 때 쓰는 근로계약서부터가 갑과 을이라는 단어로 시작되기도 합니다. 그 외에두 각종 프로젝트나 협업 속 계약에서 갑을 관계를 경험할 수도 있고, 업종의 특성상 타 부서로부터 을이 되는 경우도 있지요. 그동안 갑질로 인해 불편했던 적이 있나요? 갑님들은 마치 맡겨 놓은 짐을 찾듯 일을 재촉하거나, 협상의 주도권을 쥐겠다는 목표로 불필요한 감정 소모를 시키기도 합니다. 그중에서도 힘든 것은 기싸움에서 이기고 싶어 하는 사람입니다. 이럴 때는 이길 수 없어서 지는 게 아니라, 쓸데없이 팽팽한 긴장 상태를 만들고 싶지는 않아서 먼저 굽히는 경우도 있습니다. 이러한 갑질이 반복되면 나의 자부심이 무너지기 쉽습니다. 내 시간과 일을 존중해 주지 않는 사람들 사이에서 꿋꿋하게 나의 가치를 긍정하기는 어렵지요.

오늘의 컬러 '자부심 있는 자주색'을 떠올리며 함께 명상해 봅시다. 자주색은 자신만의 존재감을 드러내는 우아한 색인데요. 연보라색보다는 힘 있고, 보라색보다는 명료한 느낌을 줍니다. 사회생활을 하며 상처입은 기분을 끌어올려 줄 에너지를 갖춘 색깔입니다.

지금부터 깊은 심호흡을 세 번 해봅니다. 코로 깊이 들이마시고, 입으로 후– 뱉으며 내쉽니다.

오늘의 기분은 무슨 색일까

내가 부족해서 당한 갑질이 아닙니다. 예전에도 그랬듯이 어떤 상황이든 헤쳐나갈 나를 믿어주세요. 자주색의 멋진 휘장을 어깨에 두른 것처럼 품위 있고 당당한 내 모습을 상상해 봅니다.

갑질을 당했다고 해서 똑같이 못되게 갚아줄 필요는 없습니다. 그저 담백하게 원하는 것을 전해 보세요. "그 건은 아무래도 그 일정에 절대 불가능한데 조율의 여지가 없을까요?" "선례가 없어서 다른 분들과 협의가 필요해 보이네요. 제 선에서 결정할 수 없습니다"처럼요. 갑질을 당하더라도 결코 우리를 크게 상처입히는 데 성공하지 못할 거예요.

혹시 이런 생각이 들지는 않나요?
'어떤 것에 자부심을 가져야 할지 모르겠어요. 저는 잘하거나 오래 해온 것이 없는걸요.'
거창하게 생각할 필요는 없습니다. 자부심은 사전적 의미 그대로 남의 평가가 아니라 내가 나를 믿고 당당히 여기는 마음이니까요. 최근에 함께 가벼운 이야기를 나누거나 미소를 주고받은 사람들을 떠올려보세요. 사람들 사이에서 열심히 일하고 관계를 맺으며 살아가는 나의 모습 그 자체가 자부심으로 빛나고 있답니다.

오늘의 기분은 무슨 색일까

나에 대한
평가를 들었다면

———————————————————————— *Yellow*

컬러   나아가는 노란색

명상   나만의 속도 인정하기

직장인으로서 일정 기간 동안 내가 어떻게 일했는지 그 가치와 수준을 타인이 헤아려 정하는 것이 '업무 평가'입니다. 사실 판단의 대상이 된다는 것 자체가 썩 기분 좋은 일은 아닙니다. 나는 분명 누가 뭐라고 하지 않아도 열심히 일하고 있으니까요.

세상은 자꾸만 사람에게 등급을 매깁니다. 데이팅앱에 등록한 셀카 사진은 좋은 평가를 받아야만 '썸탈 자격'이 주어지고, 모든 멤버가 이미 반짝거리고 아름다운 케이팝 아이돌 그룹은 '센터'나 '1군'이라는 표현으로 굳이 우열을 가립니다. 일부 기업에는 공들여 관리하는 '핵심 인재'가 따로 있다고 합니다.

나는 어디쯤일까요? 답을 알 수 없는 고민에 빠지지 마세요. 확실한 건 내가 애썼다는 겁니다.

나의 업무 평가를 확인하거나 구두로 들은 후에 어쩐지 언짢은 기분이 든다면 잠시 그 감정을 지켜보세요. 내 가치를 몰라주는 회사, 나를 인건비로만 생각하는 회사에 대한 원망이 들 수도 있습니다. 하지만 그것보다는 내가 지난 시간 얼마나 후회 없이 일했는지가 더 중요합니다. 열심히 했는데도 성과가 아쉽다면 누군가의 도움이 필요할 때일 수도 있겠네요. 고민이 있다면 붙잡고 있지 말고 주변에 이야기해 보세요. 언제든 내 상태를 솔직히 공유할 수 있는 유연함이 생긴다면, 자신을 조금 덜 괴롭히면서 좋은 아웃풋을 내는 법을 찾을 수 있을 겁니다.

명상은 정신 승리나 최면이 아닙니다. 오히려 있는 그대로의 나를 뼈아프게 마주하는 데에서 시작하지요. 객관적으로 내 상태를 알아차리고 관찰하다 보면 불필요한 고통에서 서서히 벗어날 수 있을 겁니다.

함께 명상해 볼 오늘의 컬러는 '나아가는 노란색'입니다. 노랑에는 살짝 다운되었던 에너지를 끌어올려 주는 힘이 있어요. 시린 겨울을 감내한 뒤에 조용히 피어나는 봄꽃의 색입니다. 마냥 밝고 천진한 것 같지만 사실 나 홀로 버텨야 했던 날들을 지내온, 그래서 더 사랑스러운 컬러입니다.

노란색을 떠올리며 지금부터 깊은 심호흡을 세 번 해보세요. 코로 깊이 들이마시고, 입으로 후− 뱉으며 내쉽니다. 더 잘하고 싶어서 딱딱하게 굳어진 어깨와 목덜미가 숨을 내쉬면서 조금은 말랑말랑해진다고 생각해 보면서요.

나는 나만의 속도를 가지고 나아가고 있다고, 스스로를 믿어주세요.

오늘의 기분은 무슨 색일까

오늘의 기분은 무슨 색일까

Chapter 2.

하루의 활기를 주는 색

Burgundy

Light Blue

Green

Blue

Pink

Orange

Green

Light Pink

Yellow

Beige

선배가 된

나에게

컬러 깊어지는 와인색

명상 기다려주는 연습하기

누구나 신입 시기를 지나면 선배가 됩니다. 어떤 선배가 되고 싶은가요? 허둥지둥하는 후배와는 다르게 의연한 모습도 보여주고, 내가 신입 때 힘들있던 깃을 후배가 겪고 있으면 조언도 해주는 여유가 있다면 참 좋겠지요. 무엇보다 '멋'을 포기할 수 없는데, 무심한 듯 시크한데 따뜻하고 다정하면서도 할 말은 딱딱 하는 유능한 선배의 모습을 한번쯤 꿈꾸게 됩니다.

그렇지만 현실에서는 멋진 선배와는 거리가 먼 나를 보면서 답답해하거나 '이렇게 말하면 꼰대일까?' 하며 망설이는 사람들이 많습니다. 후배에게 이 정도 조언은 해주고 싶은데 과하게 간섭하기는 싫어서 고민하고 '쟤는 도대체 왜 저럴까?' 하며 원망하거나 '나는 왜 카리스마가 없을까!' 하며 자책하기도 합니다. 패기 넘치던 신입 시절의 텐션을 닮은 붉은색 에너지가 한 톤 다운돼 그윽한 와인색이 되었네요. 이 분위기 있는 색깔에 얼마나 많은 나의 땀과 눈물이 담겨 있는지 돌아봅시다. 오늘의 컬러는 '깊어지는 와인색'입니다.

남에게 내 부족함을 내보이는 것을 점점 두려워하다 보면 잊게 되는 사실이 있습니다. 우리는 누구도 완벽하지 않고, 서로 많이 다른 사람들이라는 것입니다. 각자의 이상 속에서

오늘의 기분은 무슨 색일까

만 존재하는 선후배를 계속 그리워할 필요는 없습니다. 여러 가지 갈등과 시행착오 중에도 지금 있는 자리에서 맡은 일을 해내며 고군분투하는 나를 응원합니다. 지금의 이 시간은 나만의 깊이를 만들어줄 겁니다. 커리어 관리, 가치관, 삶의 방향은 제 길을 찾아가는 중입니다.

머릿속으로 다양한 종류의 와인이 놓인 매장을 떠올려보세요. 각기 다른 지역의 농장에서 자란 다양한 품종의 포도가 숙성되어 눈앞에 한 병의 와인으로 놓여 있습니다. 우당탕탕 수많은 일을 겪고 선배가 된 나의 모습 같지 않나요? 이름도 가격도 보지 않고 그냥 마음에 드는 라벨의 레드 와인을 골라 한 잔 따르는 상상을 해보세요.

지금부터 깊은 심호흡을 세 번 해봅니다. 코로 깊이 들이마시고, 입으로 후– 뱉으며 내쉽니다. 모든 일이 잘 돌아가게 하려고 애쓰느라 분주하고 고단했을 내 마음을 돌아봅니다. 숨을 감각하며 잠시만 멈췄다 가세요. 나의 수고를 인정해 줍니다. 좋지 않은 상황도 언젠가 지나갈 거라고 스스로를 안심시켜 보세요.

선배 역할이 어려울 때 필요한 것은 카리스마보다 명확한 언어라고 생각합니다. 조금 더 구체적이고 효율적으로 충고해

오늘의 기분은 무슨 색일까

보는 건 어떨까요? 인내심이 허락한다면 후배가 스스로 답을 찾을 수 있도록 기다려주는 것도 좋겠네요. 후배가 일터에서 나와 함께 잘되었으면 하는 마음을 갖고 있다면, 이미 꼰대는 아니니 너무 염려 말고요.

오늘의 기분은 무슨 색일까

유행하는 리추얼을
따라 하다가

————————————————————————— *Light Blue*

컬러 다정한 연파란색

명상 자연스러운 시간의 흐름 느끼기

언제부턴가 리추얼ritual이라는 낯선 영단어가 여기저기에서 자주 보이기 시작합니다. 리추얼이란, 규칙적으로 행하는 의식이나 의례를 뜻하는 말인데 최근에는 '일상에 긍정적인 작용을 하는 규칙적인 습관'이라는 뜻으로 많이 쓰이고 있습니다. 여기에는 열심히 일하고 공부하는 전통적인 자기계발도 들어가지만, 자신을 돌보는 나만의 규칙적인 의식도 포함됩니다. 감정 일기를 쓰거나, 아침 5시에 일어나고, 하루 1만 보를 걸었는지 체크하며 일상을 가꾸는 것 등입니다.

마지막으로 바다 여행을 다녀온 적이 언제인가요? 동해, 서해, 남해, 제주, 해외 어디든 떠올려보세요. 바다의 물결은 자기만의 규칙을 가지고 있는 듯합니다. 물결이 사납다가도 잠잠해지는 때가 있지요. 아마도 그 순간이 바다의 자연스러운 리추얼이지 않을까 싶어요.

나를 돌보고 투자하는 것은 멋진 일입니다. 그렇지만 유행하는 리추얼을 소화하려고 너무 애쓰지 않아도 괜찮아요. 결심을 위한 투자라는 이유로 큰 비용을 지불하거나, 너무 급진적으로 생활 패턴을 바꿔 일과에 무리가 되지 않기를 바랍니다. 물결에게 잠잠해지는 시간이 있는 것처럼, 자연스럽고 다정한 시간을 만들어보면 좋겠습니다. 간단한 요리

오늘의 기분은 무슨 색일까

나 짧은 산책, 누군가와의 안부 전화일 수도 있습니다. 바쁘고 외로운 일상에서도 나는 내가 자연스러워지는 순간을 스스로 만들어낼 수 있다는 것을 꼭 기억해 주세요.

함께 명상해 볼 오늘의 컬러는 '다정한 연파란색'입니다. 파란색은 시원하고 차가운 색이라는 인식이 있는데요. 여기에 따뜻한 우유 한 방울이 들어간 것 같은 연파란색이라면 파랑도 얼마든지 은은하고 따뜻할 수 있답니다. 살면서 직접 가보았거나 혹은 사진이나 영상으로 접했던 바다의 물결을 상상해 봅시다.

지금부터 깊은 심호흡을 세 번 해봅니다. 코로 깊이 들이마시고, 입으로 후— 뱉으며 내쉽니다. 모든 순간이 강렬하고 의미 있고 보람찰 수는 없습니다. 자연스러운 시간의 파도에 올라타 흐름을 느껴보세요. 부드러운 연파란색 물결이 내 마음속에 흐르고 있습니다. 모든 어려움은 그렇게 흘러가고 무사히 내일이 올 것이라고 믿어요.

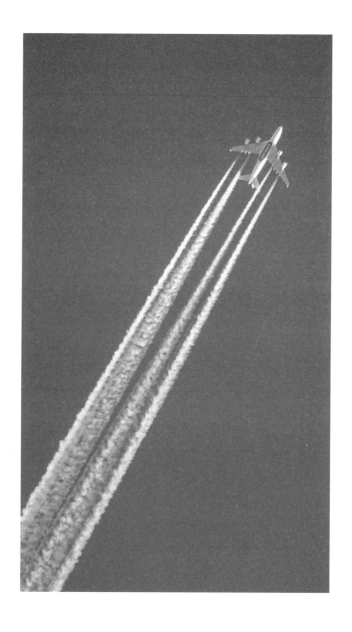

오늘의 기분은 무슨 색일까

오늘의 기분은 무슨 색일까

만약 시간이

생긴다면

---— *Green*

컬러   충전하는 초록색

명상   휴식 누리기

회사원들은 유독 리프레쉬refresh라는 단어를 자주 사용합니다. 사전적 의미로는 '생기를 되찾다, 새롭게 하다' 등의 뜻인데 우리말로 명확하게 표현하기에는 마땅한 단어를 찾기가 쉽지 않습니다. '회복'쯤일까 했지만 그러기에는 너무 거창한 것도 같고요. 적당히 '충전' 정도로 생각하면 어떨까요. 직장인이라면 누구나 등에 키우는 피로곰 한 마리가 있는데, 이 곰을 잠시 토닥여 재우고 오는 정도가 리프레쉬 아닐까요. 짧아서 더 아쉬운 휴식에 미련이 남는 나를 위한 오늘의 컬러는 '충전하는 초록색'입니다.

2018년, 제가 다니던 회사에 주 52시간 제도가 처음 도입돼, 근무 시간이 일정량을 넘게 되면 인사과에서 조직장을 호출하는 시스템이 생겼습니다. 이를 막기 위해 팀 분위기도 많이 달라졌어요. 전에는 퇴근 시간 이후 사무실에 있는 직원들을 보면 "뭐 먹을래?" 하며 간식을 챙겨주시던 팀장님이 이제는 한숨을 쉬며 "집에들 가요…"라고 말하게 된 거죠. 강제성 덕분에 우리나라 직장인들에게 리프레쉬가 필요하다는 것을 새삼 깨달았습니다. 얼마나 안 쉬었으면, 못 쉬게 했으면, 억지로 쉬라고 등을 떠밀까요? 우리는 왜 못 쉬고 사는 것일까요. 아니, 쉴 줄을 모르는 걸까요.

횡단보도에서 신호를 기다리는 나를 상상해 보세요. '탁' 하고 초록불이 들어오면 신나게 길을 건널 겁니다. 그 순간 아스팔트 길이 맨발로 걸어도 될 정도로 부드러운 풀밭으로 변합니다. 다음 신호까지 시간도 아주 넉넉합니다. 천천히 그 길을 걷는 나의 모습을 상상해 보세요.

지금부터 깊은 심호흡을 세 번 해봅니다. 코로 깊이 들이마시고, 입으로 후— 뱉으며 내쉽니다. 나에게 주어진 쉼의 시간은 언제나 있었습니다. 단지 너무 짧았거나 너무 길었을 뿐이지요. 앞으로도 많은 휴식의 시간들이 선물처럼 다가올 겁니다. 초록불에서 빨간불로, 휴가에서 출근으로. 눈앞의 휴식을 충분히 기쁘게 누리는 내 모습을 떠올려보세요. 다가올 빨간불에 불평할 시간도 모자랄 만큼 귀하고 상쾌한 시간을 보낼 수 있게 될 겁니다.

퇴근 후에 집에 오면 아무것도 못 하겠다는 사람들이 정말 많습니다. 그럴 힘이 전혀 남아 있지 않다고. 이해합니다. 잘 쉬기라도 해야 할 텐데 찌뿌둥한 상태로 핸드폰만 만지작거리며 도대체 뭘 해야 잘 쉬는 건지 모르겠을 때, 마음이 편해지는 시간 처방전을 만들어보는 걸 추천합니다. 내가 쉴 수 있는 5분, 30분, 1시간, 하루가 있다면 어디서 누구와 무엇을 할 건지 적어보는 거예요. 제 버전을 공유할게요.

오늘의 기분은 무슨 색일까

마음이 편해지는 시간 처방전

5분 : 좋아하는 샤이니 노래 듣기

30분 : 운동화 신고 동네 공원 산책하기

1시간 : 동네 단골 카페 다녀오기

24시간 : 엄마와 뮤지컬 관람하기

다 썼다면 다음 문장과 함께 읽어보세요.

> *"아, 나는 5분/30분/1시간/하루 만에*
> *나를 편안하게 만들 수 있는*
> *사람이구나!"*

오늘 있을 나의 소중한 쉼들이 모두 리프레쉬가 되기를 바랍니다.

이걸요? 제가요?

왜요?

---- *Blue*

컬러   한계 없는 파란색

명상   두려움 이겨내기

새로운 업무는 언제나 설레고 두렵습니다. 내 역량으로 감당할 수 있을지 걱정이 앞서고 잘해내지 못할까 봐 두렵기도 합니다. 이 부족함을 어디에서 채울지 막막하지요. 사비를 들여 온오프라인에서 여러 가지 수업을 찾아 듣기도 했을 겁니다. 많은 직장인들이 자신의 한계를 느낄 때 성장을 지향하며 부단히 노력합니다.

오늘의 컬러는 '한계 없는 파란색'입니다. 낯설고 어려운 업무에 던져져 막막한 마음은 마치 푸른 바닷속에 갑자기 풍덩 던져진 것 같습니다. 당황스럽고 절망적이지만, 그래도 구명조끼를 주섬주섬 챙겨 입고 있는 나를 떠올려보세요.

세상에는 생각보다 많은 일들이 어영부영 굴러갑니다. '아니, 이렇게 해도 돼?'라고 생각했던 것도 어떻게든 되는 경우가 있지요. 이 과정에서 고통받고 조마조마한 건 어쩐지 나뿐인 것 같습니다. 그런데 생각해 보면, 그 마음 졸이던 순간에 내 능력의 한계가 한 뼘 더 넓어졌던 것 같아요. 일이 잘못될까 봐 불안한 마음이 드니 더 꼼꼼히 챙기는 습관이 생겼고, 여러 각도로 업무를 볼 줄 아는 시야를 가지게 됐습니다. 한계가 쭉쭉 늘어나는 중일 겁니다. 어쩌면 한계 같은 건 원래부터 없었을지도 모르고요.

　　　　　　　　　오늘의 기분은 무슨 색일까

오늘의 기분은 무슨 색일까

요즘 하는 일이 내 능력으로 감당할 수 있는 것인지 걱정되도 먼저 한계를 만들지 마세요.

풍덩 빠져도 헤엄쳐 나올 수 있는 푸른 바다를 떠올리면서 깊은 심호흡을 세 번 해봅시다. 어떤 두려움이든 결국 나를 지나쳐갈 것입니다. 내 한계는 누구도 모르니까, 이왕이면 크게 생각하면 어떨까요?

오늘 하루, 두렵고 불안한 상황을 만나더라도 내 한계가 한 뼘 늘어나는 중이라고 생각하며 성큼 발을 내디뎌 보세요.

지금부터 바디스캔 명상을 함께하겠습니다. 앉거나 서 있거나 혹은 누운 상태에서 천천히 호흡하며 뒷목, 어깨, 허리, 골반, 무릎, 발목, 발끝의 순서로 주의를 옮겨 볼 거예요. 오늘의 컬러인 파란색 에너지가 머리 꼭대기에서 천천히 아래로 퍼지는 이미지를 생각해 보면 쉬울 겁니다. 들어오고 나가는 호흡마다 내 몸을 마치 핸드폰 줌을 당겨 확대해 사진 찍듯이 구석구석 감각해 봅니다. 불편하거나 뻣뻣한 부위가 있다면 호흡을 두세 번 더 하며 머물러도 좋습니다. 긴장된 몸이 충분히 이완될 거예요.

오늘의 기분은 무슨 색일까

마음에 몰래 쓰는

색안경

—————————————————— *Pink*

컬러　남다른 핫핑크색

명상　주변과 나를 분리하기

색안경을 끼고 세상을 보면 안 된다고 배웠습니다. 그런데 일하면서 만나는 사람들 중에는 맨눈으로 봐서는 도저히 이해하기 어려운 이들이 있지요. 메신저 팝업에 뜬 이름만 봐도 불편하거나 두려운 그들. 나를 괴롭히려고 여기 있는 걸까 궁금해지는 그 사람과 오늘 하루를 함께 보내며, 무사히 살아내기 위해 필요한 건 어쩌면 색안경이 아닐까요? 안경 색깔은 골라드릴게요. 흔히 만나기 힘든 쨍한 핫핑크색으로요. 색안경을 쓰면 세상이 평소와 다르게 보입니다. 지금 나에게 필요한 것은 그런 환기입니다. 부정적인 감정이 올라와서 정작 필요한 일에 집중하지 못하는 나를 탓하지 말고, 대신 잠깐 주변과 나를 분리해 보는 겁니다.

오늘의 컬러는 '남다른 핫핑크색'입니다. 핫핑크 빛은 유쾌하고 당당한 에너지를 뿜어냅니다. 어디서든 분위기를 반전시키는 힘이 있어요. 피할 수 없는 사람들에게 계속해서 상처받아 무력해진 마음에도 분명 도움이 될 겁니다. 일하면서 이상한 사람을 만나 상처받을 때 마음속으로 핫핑크색 선글라스를 꺼내서 무심하게 툭 걸치세요. 어차피 상대는 내가 바꿀 수 없는데, 어떻게든 이해하려고 혼자 애쓰지 마세요. 핫핑크색 선글라스 너머로 보이는 세상처럼 그와 나는 전혀 다른 곳에서 살아가고 있을지도 모릅니다. 애초에 다른 두 사람이라고 생각하면 조금은 마음이 편해질 거예요.

톡톡 튀는 화려한 핫핑크색도 컬러 명상과 아주 잘 어울린답니다. 명상이 꼭 바닥에 정자세로 앉아 조용한 연주 음악을 틀고 눈을 감아야 한다고는 생각하지는 않습니다. 명상은 자신과의 대화 시간이니까요. 깊은 대화를 하기 좋은 환경이라면 다 괜찮습니다. 오늘 하루는 나만의 명상 방법을 만들어봐도 좋겠습니다.

핫핑크색을 떠올리며 만트라를 함께해 보겠습니다. 다음 문장을 소리내 읽어보세요. 상황이 여의치 않다면 속으로 따라 읽어도 괜찮습니다.

- ◆ 나는 내 시야와 관점을 스스로 통제할 수 있습니다.
- ◆ 잠시 멈추고 내 생각과 감정을 돌볼 수 있습니다.
- ◆ 결국 나보다 중요한 것은 없습니다.

오늘의 기분은 무슨 색일까

오늘의 기분은 무슨 색일까

가끔은
투명인간이 되고 싶어

———————————————————————— *Orange*

컬러   시선 강탈 오렌지색

명상   나에게 잘해주기

'오늘 하루는 제발 저 사람 눈에 띄지 않게 해 주세요.'

이런 바람으로 하루 일과를 시작한 적이 있나요? 상사나 동료일 수도 있고 민원인이나 고객, 제휴사나 거래처 사람일 수도 있겠네요. 물론 무탈하고 평온한 하루도 중요하지만, 눈에 안 띄는 존재가 되고 싶다는 말은 어쩐지 서글프게 들립니다. 얼마나 힘들면 투명인간처럼 내 컬러와 소리를 온통 지워버리고 싶을까요. 애초에 사람이 있는 듯 없는 듯 살아가는 게 가능할까요. 나라는 존재는 이렇게나 생생한데 말이지요.

싫은 이의 눈에 띄기 싫어서 자꾸만 작아지고 얇아진 마음에, 과즙이 팡팡 터지는 것처럼 쨍한 오렌지색을 칠해 봅시다. '숨고 싶다'가 아니라 반대로 '눈에 확 튀고 싶은 색'으로 속 시원하게 채워보는 겁니다. 이런저런 스트레스로 덧칠이 되어버린 나를 위한 오늘의 컬러는 '시선 강탈 오렌지색'입니다.

남의 시선을 열심히 피해 다니다 도착하는 곳은 결국 내 마음속입니다. 그곳에서만큼은 누구도 나를 함부로 대하지 않고, 낮게 평가하지 않을 겁니다. 시원한 오렌지주스를 한 잔 쭉 들이켜는 나를 상상해 보세요. 비타민이 급속 충전되는 느낌이 들지 않나요?

오렌지색 컬러를 떠올리며 오늘은 만트라 명상을 해보겠습니다. 다음 문장을 입으로 세 번씩 읽어보세요. 상황이 여의치 않다면 속으로 따라 읽어도 괜찮습니다.

- ◆ 나는 흐려지지 않는다.
- ◆ 나는 나를 보호할 수 있다.
- ◆ 나를 위한 안전한 공간은 내 안에 있다.

드라마 〈나의 해방일지〉에서 주인공 미정은 아무리 싫은 사람이라도 눈 한 번 딱 감고 그를 환대해 보자고 합니다. 보고 싶지 않은 누군가를 기꺼이 환대할 수 있을까요? 솔직히 쉬운 일은 아닙니다. 그렇지만 나 자신만큼은 잘 환대해 주고 싶습니다. 더 이상 원래의 내가 흐려지지 않게요.

지쳐 있는 나에게 잘해 주세요. 내 목소리를 들어주고, 내가 원하는 것을 구체적으로 물어봐 주고, 너무너무 피곤해서 당장은 아무것도 이야기하기 싫다면 또 그런 모습도 지켜봐 주고요.

오늘 하루 피하고 싶은 이가 있다면 꽁꽁 숨을 수 있는 마법의 망토를 빌려드릴게요. 부디 잘 피해 다니시길!

오늘의 기분은 무슨 색일까

　　　　　　　오늘의 기분은 무슨 색일까

일을 잘하는 사람의

마음가짐

컬러　배려하는 초록색

명상　감정 마주하기

언제부턴가 직장인이라면 다들 일잘러가 되어야 한다고들 합니다. '일잘러 되는 팁' '일잘러는 이런 사람'이라고 설명하는 경력자들의 강의 영상 같은 온오프라인 콘텐츠가 넘쳐납니다. 특히 실무에 바로 적용할 하드 스킬(hard skill, 특정한 자격·실무 숙련도·구체적 역량 측면의 기술)을 가르쳐주는 곳은 많아서 결제만 하면 바로 배울 수 있습니다. 그렇지만 진짜 일잘러에게는 특유의 소프트 스킬(soft skill, 소통 능력·협상·팀워크·리더십 등 인성적 측면의 기술)이 있다고 생각해요. 강의를 듣지 않고도 반복된 마음가짐으로 단련할 수 있는 소프트 스킬 중 하나가 바로 '배려심'입니다. 직장에서의 배려는 무언가를 무조건 양보하거나 대신 떠안는 것이 아니라 일과 일 사이, 사람과 사람 사이가 매끄럽게 연결되도록 전달력 있게 처리하는 능력이라고 생각합니다.

배려하는 마음은 보고 있으면 눈이 편안해지는 초록색을 닮았어요. 지금보다 더 나은 직장인이 되기 위해 노력하는 나를 위한 오늘의 컬러는 '배려하는 초록색'입니다. 모든 배려가 다 내 마음 같으면 얼마나 좋을까요. 하느라고 했는데도 아무도 알아주지 않을 때는 허무함으로 번질 수도 있지요. 내가 아무리 심사숙고해서 말과 행동을 가다듬어도 상대에게 100% 전달되지 않는 것이 소통이니까요. 이때 내 마음은 다치기 쉽습니다.

오늘의 기분은 무슨 색일까

오늘의 기분은 무슨 색일까

지금부터 자애 명상을 함께해 보겠습니다. 이 명상은 나를 사랑하는 힘을 먼저 깨닫고 그 힘을 타인과 세상으로 보내는 효과가 있습니다. 왼손바닥을 가슴 한가운데 올려놓고 잠시 온기를 느껴보세요. 내가 먼저 충분히 배려받기를 원해도 됩니다.

지금부터 깊은 심호흡을 세 번 해보세요. 코로 깊이 들이마시고, 입으로 후— 뱉으며 내쉽니다. 좋은 말만 듣고 싶고, 친절한 협업 대상을 만나 기분 좋게 배려받고 싶은 마음을 알아차려 보세요. 내가 원하는 만큼 남에게 먼저 베풀 줄 아는 아량이 넓어질 겁니다.

아무도 나를 배려하지 않는다고 느껴질 때, 내 배려를 아무도 몰라줄 때는 서러운 감정이 올라올 수 있습니다. 부정적인 감정도 그대로 느껴보세요. 세상에서 오직 나만이 알아줄 수 있는 감정입니다. 감정을 외면하지 않는 하루를 만들어보세요. 짙은 초록색 숲속에 비치는 한 줄기 햇빛을 상상해 보세요. 아직은 작은 빛이지만 꼭 필요한 식물과 동물에게 가 닿을 테지요.

오늘 일하면서 '이렇게까지 배려해야 할까?' 싶은 생각이 드는 순간이 있다면, '내가 배려받았던 때가 분명 있었으니 이번에는 내가 배려할 차례인가 보다' 하고 마음을 편하게 가져봅시다.

오늘의 기분은 무슨 색일까

사소한
다정함의 힘

_____ *Light Pink*

컬러 지켜보는 연분홍색

명상 포근한 느낌 상상하기

내 의견에 귀를 기울여 주고, 칭찬과 조언을 아끼지 않는 사람들 사이에서 일하는 경험은 소중합니다. 최근에는 수평적 조식 문화를 지향하는 회사도 많아지고 있습니다. 성을 뺀 이름을 닉네임처럼 부르거나 직함 대신 '님'자를 붙이는 경우를 어렵지 않게 찾아볼 수 있지요. 그러나 가장 중요한 업무 과정에서는 어떨까요. 여전히 권위적이고 보수적인 문화가 존재하기도 할 테지요. 혹은 수평적인 것과 개인적인 것을 착각하는 이들도 있을 거고요. 아예 멀어져서 서로에게 관심이 없을 수도 있지요. 수평적인 것을 추구하는데도 다정하지 않은 환경은 얼마든지 있을 겁니다.

직장인에게 '관심'이란 무엇이길래 너무 많이 받으면 부담스럽고 또 너무 없으면 갈증이 나는 걸까요. 다들 조용히 회사 다니고 싶다고들 하지만 막상 팀에서 아무도 나에게 관심이 없거나, 높으신 분들이 우리 팀에 관심이 없을 때, 시장에서 우리 서비스에 관심이 없다면 기분이 유쾌할 리 없습니다. 혹시 요즘 이런 무관심들에 서운한 감정이 있었다면, 딸기 우유의 연분홍색을 떠올리며 말간 다정함을 함께 느껴보세요. 오늘의 컬러는 '지켜보는 연분홍색'입니다.

지금부터 깊은 심호흡을 세 번 해보세요. 코로 깊이 들이마시고, 입으로 후— 뱉으며 내쉽니다. 말랑한 느낌이 드는 연분홍색 인형이나 쿠션이 눈앞에 있다고 상상해 보세요. 턱을 살짝 괴거나 기대도 좋고, 팔을 올려놓고 잠시 쉬어도 좋습니다. 편안한 촉감에 자꾸만 마음이 갑니다. 건조하고 무덤덤한 일상에서 나를 위로하는 고마운 존재입니다. 분홍색의 포근포근한 에너지가 채워지는 것을 느껴봅니다.

직장 생활은 경쟁의 열패감과 무관심 속 서운함 사이의 팽팽한 줄타기 같아요. 이도 저도 싫지만 계속 만나는 감정이지요. 간혹 짜릿한 성취감과 보람을 얻으며 이 생활을 지속하고 있을 테지요. 조금 더 괜찮아지는 방법을 알려 드릴까요? 바로 '다정함'을 가지는 것입니다.

> 우리의 삶은 얼마나 많은 적을 정복했느냐가
> 아니라 얼마나 많은 친구를 만들었느냐로
> 평가해야 함을. 그것이 우리 종이 살아남을 수
> 있었던 숨은 비결이다.
>
> 《다정한 것이 살아남는다》,
> 브라이언 헤어 등저, 이민아 옮김, 디플롯, 2021.

보고 후 잔뜩 깨지고 온 동료에게 보내는 이모티콘 하나, 휴가 후 내 책상에 붙어 있는 '웰컴!' 포스트잇 한 장이 결국 우리를 다음 월급날까지 버티게 만들어줄 겁니다.

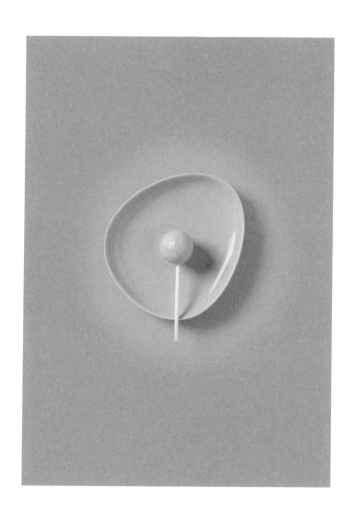

오늘의 기분은 무슨 색일까

불편한데도
아무렇지 않은 척

Yellow

컬러　선 긋는 노란색

명상　나를 위한 안전선 확인하기

잠깐 유행하다 사라질 줄 알았는데, 어느새 사주 풀이만큼이나 대중적으로 자리 잡은 MBTI 테스트. 16가지 성격 유형을 분석한 이 테스트는 크게 사람을 외향성Introversion과 내향성Extroversion으로 구분합니다. 흔히 E 유형에 비해 I 유형에게는 혼자만의 시간과 공간이 충분히 필요하다고 하는데요. 개인이 다른 사람에게 침해받지 않고 반드시 확보해야 할 물리적 공간을 퍼스널 스페이스Personal Space라고 합니다. E와 I를 떠나 모두에게 필요하지 않을까요. 그러나 직장에서는 이것을 지키기 어려운 순간이 자주 생깁니다.

일하면서 사람이 싫어졌다는 분들이 많습니다. 새로운 이들을 만나는 것이 피곤하고, 직장 동료와 사적인 대화를 어디까지 해야 할지 몰라 줄타기를 하다보면 누구든 일단 경계하는 버릇이 생기기도 합니다. 어디서 어떤 사람이 나를 곤란하게 할지 모르니 보이지 않는 안전선을 넉넉하게 그어보기도 하고요.

오늘의 컬러는 안전선의 테이프 색깔처럼 짙고 또렷한 노란색입니다. 일하며 갖는 경계하는 마음에 대해 이야기해 보려고 해요. 우선 내가 일할 때 어떤 상황에서 불쾌하고 불편

오늘의 기분은 무슨 색일까

한지 알아내는 기준이 필요합니다. 상황을 애써 이해하려고 하기보다 시간을 두고 마음이 결정하는 감정이 무엇인지 느껴봐야만 알 수 있습니다. 그렇다고 계속 날이 서 있을 필요는 없어요. 충분히 친절하면서도 경계할 수 있습니다. 일할 때는 나만의 노란색 경계선이 필요합니다. 그 선이 있어야 가스라이팅을 감지할 수 있고, 불필요한 갈등과 누적되는 스트레스도 줄일 수 있으니까요.

오늘의 컬러인 '선 긋는 노란색'을 떠올리며 함께 명상해 봅시다. 나를 둘러싼 안전하고 또렷한 경계선이 그어지는 것을 상상해 보세요. 선을 넘는 것도, 지웠다 다시 그리는 것도 내 마음대로 할 수 있습니다.

지금부터 깊은 심호흡을 세 번 해보세요. 코로 깊이 들이마시고, 입으로 후– 뱉으며 내쉽니다. 좀 더 집중하고 싶다면 잠시 눈을 감고 반복해도 좋습니다.

'내가 왜 여기서 이 일을 하지?'라는 질문이 자꾸 머릿속을 맴돈다면, 일하는 나를 위한 안전선이 충분한지 확인해 보세요. 근무 중 불편했던 순간을 떠올려보고, 그 순간이 다시 온다면 피할 수 있는 방법도 궁리해 봅니다. '남들도 다 이만큼은 참고 사는데'라고 불편을 뭉개지 마세요. 자기만의 생각을 말하는 것이 우리나라에서는 유난으로 받아들여지기도 하지만, 우리는 사회의 일원이기 전에 나 자신으로 살아가니까요. 오늘의 작은 유난으로 긴 평화를 얻을 수 있다면 조금 더 소리내 볼 만하지 않을까요?

오늘의 기분은 무슨 색일까

오늘의 기분은 무슨 색일까

아무것도
하기 싫을 때

Beige

컬러 안온한 베이지색

명상 멍하니 누워 있기

금요일 저녁, 직장인들은 "주말 잘 보내세요"라는 인사를 습관처럼 건넵니다. 그다지 영혼이 실려 있지는 않지요. 대체 주말을 잘 보낸다는 건 무엇일까요? 인터넷에서 본 핫플레이스에 가기로 친구나 애인과 약속을 하고, 도착해서 긴 줄을 서고, 일행과 서로 인증샷을 찍고, 이를 소셜미디어 계정에 업로드하는 것일까요?

혹시 반대로 주말에 아무것도 하지 않고 싶어졌다면, 지금의 나는 비움이 필요한 상태라는 뜻입니다.

베이지는 순백색에 옅은 황갈색이 살짝 섞인 컬러입니다. 혹시라도 얼룩이 생길까 봐 노심초사하게 되는 흰색보다는 덜 부담스럽고, 뭔가를 이뤄내야 할 것만 같은 단단한 느낌의 갈색보다는 좀 더 편안한 색이지요. 일상을 잘 비워내고 싶은 나에게 위안이 되어줄 겁니다.

포모증후군(FOMO Syndrome, Fearing Of Missing Out Syndrome)이라는 말도 자주 들려옵니다. '고립공포감' '소외불안증후군' 정도로 번역할 수 있겠지요. 소셜미디어에 대한 과도한 집착과 의존이 낳은 증상입니다. 여기에서 벗어나기 위해서는 핸드폰 배터리가 없어도 불안하지 않고 귀에 이어폰이 끼워져 있지 않아도 지루하지 않은 공간이 필요합니다. 내 방도 좋고 공원 한쪽 돗자리도 좋습니다.

오늘의 기분은 무슨 색일까

오늘의 기분은 무슨 색일까

전자기기와의 연결 없이 하늘을 보며 멍하니 누워보세요. 나는 안전하고, 어떤 것에도 뒤처져 있지 않으며, 아무 일도 일어나지 않을 겁니다. 이렇게 정신을 환기하면 아무것도 안 해도 괜찮다는 감각이 깨어납니다.

차분한 느낌의 베이지색에는 조용하고 편안하다는 뜻의 '안온하다'라는 말이 잘 어울립니다. 이번 주말 나를 안온한 상태로 만들어줄 베이지색을 떠올리며 지금부터 바디스캔 명상을 함께하겠습니다. 앉거나 서 있거나 혹은 누운 상태에서 천천히 호흡하며 발끝, 발목, 무릎, 골반, 허리, 어깨, 뒷목의 순서로 주의를 옮겨 보겠습니다. 들어오고 나가는 호흡에 내 몸을 마치 핸드폰으로 줌을 당겨 사진 찍듯이 스캔해 봅니다. 불편하거나 뻣뻣한 부위가 있다면 호흡을 두세 번 더 하며 머물러도 좋습니다. 긴장된 몸이 충분히 이완될 거예요.

오늘의 기분은 무슨 색일까

Chapter 3.

편안하게
스며드는
색

Light Green

Brown

Red

Deep Green

Tangerine

Yellow

Orange

Navy

Violet

Magenta

배터리처럼
충전이 필요해

컬러 쉬고 싶은 연두색

명상 내 모습 받아들이기

달콤한 휴식을 앞둔 직장인은 더 바쁠 수밖에 없습니다. 마음은 또 어떤가요. 정당한 휴가를 사용하는데도 어쩐지 눈치가 보이고, 잠깐 자리를 비우면 꼭 무슨 일이 생길 것만 같습니다. 다가오는 휴가에는 온전히 쉴 수 있을까요? 혹시 언제 급한 연락이 올지 몰라 핸드폰이나 노트북을 항상 휴대해야 하지는 않나요. 내 업무를 대신 해줄 든든한 동료는 있으신지, 업무 일정 조정에 어려움은 없는지요.

회사 밖 삶에도 집중하고 싶은데 말처럼 쉽지 않습니다. 일과 삶의 균형(워라밸)은 먼 이야기 같고, 어딘가 계속 불편한 마음으로 살아가는 것 같을 때가 있어요.

오늘은 쉬는 날에 대한 감정을 돌아보려고 합니다. 잘 쉬고 와야 일이 더 잘되고 그래야 성장할 수 있으니까요. 아무리 쉬어도 부족한 느낌이 드는 날들을 떠올리며 고른 오늘의 컬러는 '쉬고 싶은 연두색'입니다.

직장인에게는 대체 불가능한 존재가 되고 싶은 로망이 있습니다. 회사에서 자리를 비웠을 때, 상사나 동료에게서 자신을 찾는 연락이 오면 받기 싫으면서도 '역시 내가 필요하구나' 하는 인정 욕구가 충족되는 모순의 감정이 듭니다. 그럴 때는 잠시 멈춰서 내 진짜 마음은 무엇인지 돌아보세요.

쉬는 나보다 일하는 내가 더 쓸모 있어 보이고, 누군가에게 도움이 되는 내가 좋아서 그런 것은 아닐까요? 이제는 가만히 쉬고 있는 자연스러운 내 모습도 받아들여 주세요.

연두색을 떠올리며 지금부터 바디스캔 명상을 함께하겠습니다. 앉거나 서 있거나 혹은 누운 상태에서 천천히 호흡하며 발끝, 발목, 무릎, 골반, 허리, 어깨, 뒷목의 순서로 주의를 옮겨 보겠습니다. 아래에서 위로 올라오는 거예요. 내 몸을 마치 하나의 큰 배터리라고 생각하고, 연두색으로 한 칸씩 채워지는 상상을 해보세요.

이번 휴가에서는 일터로 돌아올 나를 위해 필요한 에너지가 완충될 수 있기를 바랍니다. 들어오고 나가는 호흡에 내 몸을 마치 핸드폰으로 줌을 당겨 사진 찍듯이 스캔해 봅니다. 불편하거나 뻣뻣한 부위가 있다면 호흡을 두세 번 더 하며 머물러도 좋습니다. 긴장된 몸이 충분히 이완될 거예요.

오늘의 기분은 무슨 색일까

오늘의 기분은 무슨 색일까

도통 집중이
안 된다면

———— *Brown*

컬러   끈질긴 갈색

명상   중요한 일과 아닌 일 판단하기

그동안 일하면서 가장 열심히 매달렸던 업무나 프로젝트를 떠올려보세요. 그때의 동력은 무엇이었나요. 내가 하는 일이 정말 잘되었으면 하는 마음이거나, 이 일이 정말 중요해서, 혹은 이 일을 지시한 사람의 기대를 충족시키기 위해서일 수도 있겠네요. 이유가 무엇이었건 그때의 나는 엄청난 집중력을 가지고 일했을 겁니다. 그때와 다르게 요즘 통 집중하지 못하고 있다면 동력이 부족한 상황인지도 모릅니다. 또는 나의 정신을 흩트려 놓고 방해하는 것이 무엇인지 한번 돌아보세요.

'저는 원래 집중력이 부족한데 어떡하죠?'

이렇게 생각하는 경우도 있을 겁니다. 그러나 집중력은 상대적인 능력입니다. 고강도로 몰입하는 데 익숙한 사람이 있고 끔찍하게 어려워하는 사람도 있습니다. 중요한 것은 무언가 해내고 싶은 것이 생겼을 때 내가 후회하지 않을 만큼 몰입할 수 있는 힘입니다. 딱 그만큼만 질기고 견고한 마음을 길러보세요.

든든하고 큰 나무를 머릿속으로 떠올려봅시다. 갈색의 나뭇결이 부드럽지만 강인한 느낌을 주고, 단단한 기둥과 나뭇가지의 그늘 아래 앉아 잠시 쉬어가고 싶어집니다. 오늘의 컬러는 '끈질긴 갈색'입니다.

오늘의 기분은 무슨 색일까

집중력이 떨어져 고민이라면, 이를 향상시킬 방법을 찾기보다는 내가 노력을 쏟을 만한 대상을 다시 생각해 보세요. 사실 그렇게까지 집중하지 않아도 되고 그저 완성만 하면 되는 일인지, 아니면 정신을 바짝 차리고 제대로 처리해야하는 일인지 구분해 보는 겁니다. 끈기를 발휘할 대상을 골라내며 조금 더 평온해질 수 있어요. 스스로 매진하는 경험은 결과가 어떻게 나오든 그 자체로 의미가 있습니다. 끈질기게 매달려 보세요. 어떤 근력이라도 조금씩 생길 테니까요.

지금부터 만트라 명상을 함께해 보겠습니다. 문장을 소리 내 읽어보세요. 상황이 여의치 않다면 속으로 따라 읽어도 괜찮습니다.

> ◆ 나는 나에게 중요한 일을 찾아내는
>   안목이 있습니다.
> ◆ 내가 판단하고 선택한 일에 끈질기게
>   몰입합니다.
> ◆ 끈질긴 태도로 나는 더 성장하고
>   자유로워집니다.

오늘의 기분은 무슨 색일까

열정과 의욕이
어디 갔을까?

————————————————— *Red*

컬러 추진력 있는 빨간색

명상 부정적인 생각 멈추기

직장에서 내가 가장 열정적이었던 순간은 언제인가요? 하는 일이 잘 풀려서 신이 날 때, 처음 시작하는 일이라 설렘과 기대감이 가득할 때 등 활활 타오르는 순간이 있었을 것입니다. 그렇지만 언제부턴가 열정은 잃어버린 지 오래고, 점심시간과 퇴근, 주말만 기다려질 뿐입니다. 뭘 해도 다 뻔한 일이고, 아무리 아이디어를 내봤자 윗선에서 반려하면 그저 의미 없는 문서 한 장이 되어버리니까 내가 먼저 가능성을 차단합니다. 개인이 손쓸 수 없는 조직 특유의 병폐를 말하면서요. 이는 여러 사람으로 이루어진 회사의 한 구성원으로 속해 있는 거의 대부분 직장인의 숙명이지요. 하지만 계란으로 바위 치기를 반복하다 보면 누구나 의욕을 잃을 수밖에 없습니다. 그러니 지금의 기운 없는 마음은 지극히 자연스러운 상태입니다. 그리고 나에게는 오늘의 컬러 '추진력 있는 빨간색'이 필요합니다.

빨간색은 무섭도록 타오르고 걷잡을 수 없는, 하지만 잘 이용하면 큰 힘이 되는 불의 상징이지요. 캠프파이어를 마무리할 즈음의 잔불을 상상해 보세요. 아직 불씨가 살아 있는 모습입니다. 마치 내 안에 있던 열정을 되살릴 추진력 같아요.

의욕이 생기지 않을 때는 자꾸 나를 의심하거나 어떤 대상을 원망하게 됩니다. 그럴 때는 생각의 이동을 잠시 멈추세

오늘의 기분은 무슨 색일까

요. 대신 내 안에 빨간색으로 빛나는 작은 추진력을 가만히 살펴보세요. 이 불씨는 좋아하고 잘하는 것을 만날 때 다시 타오를 거예요. 얼마나 큰 불로 어떻게 타오를지는 나만 알 수 있습니다.

지금부터 깊은 심호흡을 세 번 해봅니다. 코로 깊이 들이마시고, 입으로 후– 뱉으며 내쉽니다.

나는 따뜻한 빨간색 불씨를 몇 개 지니고 있습니다. 잔잔한 것, 뜨겁게 타오르는 것도 있습니다. 모두 괜찮습니다. 내가 원하는 정도의 열기를 끌어올려 보세요. 망설이던 것이 있다면, 여러 가능성을 가진 빨간 불꽃처럼 용기를 가지세요. 그 힘이 나의 추진력이 될 겁니다.

오늘의 기분은 무슨 색일까

오늘의 기분은 무슨 색일까

답답할 때는
구조 신호를 외쳐

———————————————————————————— *Deep Green*

컬러　다스리는 진초록색

명상　내 상태 파악하기

일하면서 답답함을 느낄 때가 있습니다. 어떻게 해도 바뀌지 않는 기업 문화, 답이 안 보이는 사업 방향, 쌓여가는 업무…. 해결된 일은 어느 것 하나 없는데도 아침에 눈을 떠서 출근 준비를 하고, 내 자리로 가 앉고, 하루는 또 반복되겠지요. 열심히 일하고 있는데도 어딘가 잘못되었다는 느낌이 들 때 답답한 마음은 도무지 떠나지 않습니다. 그렇다고 수많은 규칙으로 짜인 사회 안에서 무언가에 반기를 들기는 쉽지 않습니다. 아무리 납득이 되지 않아도 따라야만 하는 것들이 있으니까요. 나는 도저히 그렇게는 못 하겠다고 손을 들까 고민도 해보지만, 남에게 보이는 체면이 중요한 우리나라에서 남다른 의견을 고백하기란 쉽지 않습니다. 죽는소리하는 것 같기도 하고, 남들도 다 하는 일이라고 생각하며 억지로 나를 다그치고 있다면, 짙은 녹음의 색을 닮은 오늘의 컬러 '통제하는 진초록'을 떠올리며 잠시 명상해 봅시다.

초록은 절대 깨지지 않을 것 같아 보이는 균형의 색입니다. 안전해 보이지만 그다지 자유롭지 못하다는 느낌입니다.

끝없이 펼쳐진 거대한 숲을 상상해 보세요. 새 한 마리 보이지 않아 무서운 생각마저 드는 울창한 숲입니다. 그곳에 홀로 남겨진다면 막막하겠지요. 고요한 숲에서 길을 잃고 구조 신호를 보내는 모습을 상상해 봅시다.

오늘의 기분은 무슨 색일까

오늘의 기분은 무슨 색일까

내가 여기 있다고, 이렇게 살아 있다고 힘껏 목소리를 내는 겁니다. 그 소리는 분명 누군가에게 닿을 겁니다. 그리고 이 윽고 원하는 방향을 찾아갈 수 있을 겁니다. 짙은 초록색에 압도당하지 않고 스스로 마음을 다스릴 수 있습니다.

지금부터 바디스캔 명상을 함께하겠습니다. 앉거나 서 있거나 혹은 누운 상태에서 천천히 호흡하며 뒷목, 어깨, 허리, 골반, 무릎, 발목, 발끝의 순서로 주의를 옮겨 봅시다. 오늘의 컬러인 진초록색 에너지가 머리 꼭대기에서 천천히 아래로 퍼지는 이미지를 생각해 보면 쉬울 거예요. 들어오고 나가는 호흡에 내 몸을 마치 핸드폰으로 줌을 당겨 사진 찍듯이 스캔해 봅니다. 불편하거나 뻣뻣한 부위가 있다면 호흡을 두세 번 더 하며 머물러도 좋습니다. 긴장된 몸이 충분히 이완될 거예요.

일하는 내 마음을 다스리는 3가지 방법

■ **나 자신의 힘듦을 평가하는 기준이 있다.**

'다른 팀은 야근 더 많던데…' '선배들도 다 이랬다던데…'라고 생각하며 나의 괴로움을 과소평가하고 있지는 않나요. 힘든 감정을 부정하지 마세요. 내가 힘들다고 느끼면 힘든 게 맞습니다. 평가의 기준은 자신이어야 합니다.

■ 매사에 이성적이거나 합리적일 수 없다고 생각한다.

'감정적인 사람으로 찍히면 어떡하지?'라는 생각에 제대로 표현 못 하고 있지는 않나요. 나는 로봇이 아니라 사람입니다. 나에게는 인격이 있고, 연습되지 않은 수많은 일들을 겪어내는 중입니다. 때문에 늘 이성적일 수는 없습니다.

■ 내가 할 수 있는 일을 적극적으로 찾는다.

마음에 안 드는 일에 '그래 봤자 어차피 바뀌는 건 없어'라고 생각하며 단념하고 있지는 않나요. 내 상황을 알리고, 도움을 청하고, 나를 단련하며 타이밍을 노릴 기회는 늘 있습니다. 오늘 명상하며 상상했던 숲속의 구조 신호를 현실에서도 내보세요.

오늘의 기분은 무슨 색일까

내가 왜
나를 괴롭히지?

Tangerine

컬러 인정하는 귤색

명상 나를 존중하기

직장은 경쟁과 평가가 일상인 곳입니다. 누구나 좋은 평가를 받고 경쟁에서 이기고 싶어 합니다. 이런 시스템에 익숙해지면 자연스럽게 나 스스로를 검열하기도 합니다. 더 나은 사람이 되고 싶었을 뿐인데 신경쓰이는 것이 점점 많아지고, 사소한 것으로도 얕보이지 않을까 걱정하게 됩니다. 나이가 어려서, 여성이라서, 신입이라서, 이직한 지 얼마 안 돼서, 관련 경력이 부족해서, 상사와 동문이 아니라서 등등 걱정은 무한 확장됩니다. 그렇지만 과하게 타인의 잣대를 추측해 나를 검열하고 괴롭히는 것은 줄여야 하지 않을까요?

오늘은 주황색 계열 중 노란색이 많이 섞인 귤색에 대해 생각해 보겠습니다. '귤' 하면 시원하고 상큼한 이미지가 바로 떠오릅니다. 그러면서도 컬러 자체는 포근한 느낌이지요. 이런 귤색의 특징에서 '인정하는 태도'가 떠오릅니다. 인정은 쿨한 마음입니다. 조금 부족하다거나 마음에 안 드는 부분이 있어도 살짝 넘길 수 있는 배포가 있어야 하기 때문이지요. 그리고 동시에 포용할 줄 아는 따뜻함도 있습니다.

지금부터 자애 명상을 함께해 보겠습니다. 자애는 나를 사랑하는 힘을 먼저 깨닫고 그 힘을 타인과 세상으로 보낼 수 있는 효과를 지녔습니다. 왼손바닥을 가슴 한가운데 올려

오늘의 기분은 무슨 색일까

놓고 잠시 온기를 느껴보세요. 그리고 자신을 인정해 주세요. 여기까지 온 것만으로도 대단하다고, 살아남아 있는 게 용하고 잘 버텼다고요.

나를 인정할 줄 알게 되면 함께 일하는 동료에게도 존중하는 마음을 갖게 됩니다. 그 사람도 인정받아 마땅한 사람인 걸 알게 됩니다. 타인에 대해 너무 쉽게 결론 내리지 않았으면 좋겠어요. '이 사람, 이런 점이 괜찮네'라고 좋은 점을 발견해 본다면 업무 분위기도 한결 좋아질 겁니다. 과도한 검열에서 벗어나 인정해 주고 인정받는 경험을 통해, 더 나아진 우리가 됩니다.

오늘의 기분은 무슨 색일까

어른에게도
칭찬이 필요해

―――――――――――――――――――――――――――――― *Yellow*

컬러   칭찬하는 노란색

명상   나만의 작은 루틴 만들기

드디어 맡고 있던 프로젝트가 끝났나요? 힘껏 기뻐하고 성취감을 마음 깊이 누려보세요. 고생 많았습니다! 직장 생활에서 성취감은 무엇보다 중요합니다. 특별히 신경 쓰고 몰입하던 업무가 마무리되었을 때 비로소 만날 수 있는 성취감, 충분히 느껴야겠지요. 고생했다는 말 한마디, 맥주 한잔으로 넘어가기에는 아쉽지 않나요? 이리 뛰고 저리 뛰느라 고생한 나의 노력을 스스로 칭찬해 보세요. 어린이와 다르게 어른은 칭찬보다는 평가나 피드백의 대상이 됩니다. 칭찬받을 일이 점점 없어지지요. 그러니 더더욱 나에게 하는 자화자찬이 필요합니다. 크고 작은 업적을 이뤄낸 나에게 격려를 아끼지 마세요.

함께 명상해 볼 오늘의 컬러는 '칭찬하는 노란색'입니다. 혼자 하기에 어쩐지 쑥스러운 칭찬, 용기내 한번 시도해 볼 수 있도록 컬러로 힌트를 드립니다. 노랑이 가진 특유의 밝고 천진한 에너지를 머릿속에 떠올려보세요. 유치원에 가는 어린아이들의 옷과 가방의 이미지를 상상해도 좋습니다. 어린아이들은 잘 걷기만 해도 칭찬받고, 밥만 잘 먹어도 칭찬을 넘치게 받습니다. 그런 따뜻하고 다정한 노란빛이 지금 나의 마음에도 가득합니다.

　오늘의 기분은 무슨 색일까

지금부터 깊은 심호흡을 세 번 해봅니다. 코로 깊이 들이마시고, 입으로 후— 뱉으며 내쉽니다. 나 자신을 신통방통하게 여겨주세요. 어엿한 직업인으로서의 내 모습을 한 발짝 떨어져 지켜보며 고생했다고 말해 줍시다.

나를 칭찬하는 것의 연장으로 기분 좋게 퇴근하는 나만의 방법을 만들어보면 어떨까요? 업무 일지나 다이어리에 셀프 칭찬을 하나씩 써도 좋고, 매주 수요일에는 나를 위한 꽃 선물을 하는 등 퇴근길 루틴을 만들어도 재미있을 것 같아요. 이렇게 자신을 칭찬하는 습관을 가지면 평범한 퇴근도 다음 날의 출근도 조금 더 즐거워질지 모릅니다. 세상에 마음대로 할 수 있는게 별로 없는 것 같지만, 잘 궁리해보면 꽤 있답니다.

오늘의 기분은 무슨 색일까

나이듦에
관하여

Orange

컬러 두렵지 않은 주황색
명상 고유함 깨닫기

돌아보면 시간은 참 빠릅니다. 정신 차리면 일주일이 가 있고, 한 달이 훅 지나가 있기도 합니다. 내가 올해 몇 살인지 떠올려보면 '벌써?'라는 생각이 듭니다. 어릴 때 보던 지금 내 나이 때 어른들의 모습은 한없이 성숙하고 의연해 보였는데, 나는 아직 한참 부족하게 느껴집니다. 그렇지만 일하다 잠깐 들른 화장실에서 거울 속 내 모습을 보면 새삼 나이가 실감되면서 갑자기 심통이 납니다. 하루 중 많은 시간을 일터에서 보내며 더 늙은 것 같고, 지나간 날들이 억울하고 아쉽기만 합니다.

노화를 자연스럽게 받아들이기가 점점 어려운 세상입니다. 미디어에서나 일상적으로나 '동안'이라는 말로 나이보다 젊어 보이는 얼굴을 당연하다는 듯이 칭송합니다. 그러나 결국 사람은 모두 늙고, 그 종착역은 죽음입니다. 오늘은 피할 수 없는 노화와 죽음을 두려워하지 않고 자연스럽게 받아들일 수 있도록, 함께 명상해 보겠습니다.

가을날 주황색으로 물들어 가는 나무들을 떠올려보세요. 오늘의 컬러는 '두렵지 않은 주황색'입니다. 주황색은 빨강과 노랑을 혼합해 만든 색입니다. 전혀 달라 보이는 두 색을 조금씩 섞으면 수많은 주황색 계열의 컬러들이 나타납니다. 모

오늘의 기분은 무슨 색일까

오늘의 기분은 무슨 색일까

든 색깔에 이름이 붙지는 않겠지만, 그렇다고 없는 색은 아니지요. 모두 하나뿐인 각자의 고유한 주황색입니다.

두렵지 않은 마음은 내가 얼마나 고유한지 깨닫는 데서 시작합니다. 두려움이 올라올 때면 내가 지금의 나라서 할 수 있는 것들에 대해 집중하는 연습을 해보세요. 내가 어쩔 수 없는 시간의 흐름, 타인의 무례한 말과 태도에 마음을 쓰며 스스로 불편해지는 것은 줄여 나가는 겁니다. 그러다 보면 나를 괴롭히던 두려움이 점점 작아지다가 결국 사라질 거예요.

지금부터 깊은 심호흡을 세 번 해봅니다. 코로 깊이 들이마시고, 입으로 후– 뱉으며 내쉽니다. 뜨거운 빨강과 명랑한 노랑 사이에서 존재감을 뽐내는 주황색의 당당한 에너지로 나를 가득 채워보세요.

오늘 하루는 평생 한 번뿐이고, 내 인생 또한 딱 한 번뿐입니다. 마음껏 누리시길 바랍니다.

　　　　　　　오늘의 기분은 무슨 색일까

밤의 퇴근길에

드는 생각

———————————————— *Navy*

컬러   번아웃 주의, 남색

명상   시야 넓게 가지기

최근 밤늦게까지 야근을 하고 버스나 택시를 타거나, 혹은 운전해서 집으로 돌아갈 때 창문 밖의 풍경을 본 적이 있나요? 어떤 마음으로 바라보았나요? 어느새 검푸른 색으로 변해버린 하늘이 야속하기도 하고, 이렇게 하루가 다 가다니 허무하기도 했을 겁니다. 근무 시간이 길어지면 체력도 실시간으로 떨어지는 기분이 듭니다. 우울한 감정이 생길 수밖에 없습니다. '언제까지 계속 이렇게 일해야 하나?' 싶기도 하고요.

밤하늘, 또는 밤하늘이 반사된 물의 색을 닮은 남색을 떠올리며 오늘의 컬러 명상을 함께 시작해 보겠습니다. 과중한 업무 스트레스는 짙은 남색의 심연이 되고, 그 위에 내가 둥둥 떠 있다고 상상해 보세요. 물결에 따라 이리저리 흔들리는 모습이 기세가 한풀 꺾여 있는 듯합니다. 야근에 시달린 나의 몸과 마음이 갈 곳을 잃어버린 것처럼 보여요.

지금부터 깊은 심호흡을 세 번 해볼게요. 코로 깊이 들이마시고, 입으로 후— 뱉으며 내쉽니다.
앉거나 서 있는 상태에서 발바닥이 땅에 닿아 있는 감각을 잠시 느껴보도록 하겠습니다. 스트레스로 기분이 한없이 떨어지는 것 같아도, 이렇게 바닥은 반드시 있습니다. 단단하

오늘의 기분은 무슨 색일까

고 딱딱한 바닥이 발아래에서 나를 지지해 주고 있다는 것을 알아차려 보세요. 끝이 안 보이는 듯한 깊은 남색 물속일지라도 조금만 더 다리를 뻗어보세요. 머지않아 바닥에 닿을지도 모릅니다. 바닥을 가볍게 터치하고 반동의 힘으로 다시 올라오는 느낌을 상상해 봅니다.

몸도 마음도 소진되었다는 뜻의 번아웃 증후군은 직장인들에게 감기 같은 존재가 되었습니다. '빨리빨리' '워커홀릭' '일잘러' 시대의 사람들은 자신에게 번아웃이 온 줄도 모르는 경우가 많습니다.

에너지가 급격히 소진된 것 같은 요즘이라면 한 뼘만 더 시야를 넓게 가져보세요. 나를 야근하게 했던 업무는 결과적으로 무엇을 위한 것인지, 이 일의 중요성이 내 평생의 시간 중에서 어느 정도나 차지할지, 평소보다 넓은 범위에서 내 모습을 바라보는 겁니다. 이렇게 거리를 두고 나의 상황을 객관화하다 보면 스트레스의 원인도 더 명확히 보일 테지요. 거대한 우주 속의 작은 별 하나, 그리고 나의 존재를 생각하며 오늘은 최대한 빠른 퇴근을 할 수 있기를 바랍니다.

오늘의 기분은 무슨 색일까

　　　　　　　　　　　　오늘의 기분은 무슨 색일까

마음의 문을
닫고 싶을 때

컬러   포기하는 청보라색

명상   힘든 마음 인정하기

일하다 보면 누구라도 배우는 것이 아마도 '참는 법' 아닐까요. 화가 나도 일단 참고, 뭐라고 한마디 대꾸하고 싶어도 참습니다. 그러다 끝내 참을성을 완전히 잃어버리고 분노가 터지기도 합니다. 곪아버린 감정이 새어 나오는 겁니다. 그나마 터뜨려 표현이라도 하면 다행일까요? 때로는 마음의 문을 닫고 포기하기도 합니다. 처음에는 입을 닫았다가, 점점 마음의 문 또한 꼭꼭 걸어 잠그고 싶어질 때가 있습니다.

혹시 직장 내 다양한 사람들과의 연결을 그만두고 싶을 때는 없나요? 남의 눈 때문에 혹은 이러면 안 될 것 같은 마음에 계속해서 나를 상처주면서 누군가를 마주하고 있지는 않은가요? 포기하는 마음이 모두 나약하고 나쁜 것만은 아니랍니다.

오늘의 컬러는 바이올렛이라고도 불리는 청보라색입니다. 이름처럼 푸른 빛이 도는 보라색이에요. 어떤 분노는 마음을 뜨겁게 불태우지만 어떤 경우에는 차갑게 얼려버리기도 합니다. 붉게 타오르던 열정에 누군가 짙푸른 잉크를 마구 흩뿌려 섞어버리면 이런 색이 나올까요? 오묘하고도 멋진 이 컬러를 포기하려는 마음을 먹은 나에게 처방해 봅시다.

　　　　　　오늘의 기분은 무슨 색일까

오늘의 기분은 무슨 색일까

지금부터 깊은 심호흡을 세 번 해봅니다. 코로 깊이 들이마시고, 입으로 후– 뱉으며 내쉽니다.

포기해도 됩니다. 포기하는 마음을 인정해 주면 됩니다. 내가 이렇게 힘들어서 그만두고 싶을 정도라는 상태를 알아채 보세요. 일단 좀 토닥토닥 해줘야 하지 않을까요?

요즘 힘들어서 내려놓고 싶은 것이 있다면 "왜 포기하고 싶은데?" "포기하면 어떤 변화가 있을까?" 하고 스스로에게 물어보세요. 또는 "무엇을 포기해야 마음이 편해질까?"라는 질문에 답해 보세요. '혹시 내가 지금 뭔가 욕심을 내서 힘든 게 아닐까?' 하는 생각으로 버릴 것을 찾아보는 겁니다. 그 목록에는 이런 것들이 있을 거예요.

- ◆ 동료와의 유대감
- ◆ 평가를 잘 받고 싶은 욕구
- ◆ 다양한 경험과 승진
- ◆ 하고 싶은 프로젝트
- ◆ 직무 전문성
- ◆ 스톡옵션

이렇게 '포기 휴지통'을 작성해 보면 내가 지금 이런 중요한 것들을 포기하고 싶을 정도로 마음이 힘들다는 걸 새삼 깨

닿게 됩니다. 몇몇은 버려도 될 것이고 몇몇은 지키고 싶을 겁니다. 그렇게 내가 나아갈 방향을 재조준할 수 있습니다. 내가 마주한 지금의 상황은 계속되지 않아요. 흘러가고 지나갈 것이니 기다려봅시다.

오늘도 일하며 마음을 단단하게 다잡는 나를 응원합니다!

명절이 달갑지 않은

이유

———————————————————————————— *Magenta*

컬러 마이웨이 마젠타색

명상 일일이 대꾸하지 않기

집집이 명절 풍경은 천차만별입니다. 어떤 집은 제사를 지내고 어떤 집은 여행을 떠나거나 가족 각자가 휴식을 취하기도 합니다.

주말과 휴일을 사랑하는 직장인에게 찾아온 명절이 마냥 반갑지만은 않다면 아마도 사람 때문이겠지요. 일터에서도 사람에게 시달리며 스트레스를 받는데, 명절에 만나는 친지도 만만치 않지요. 마치 미세한 단위로 업무를 지시하는 상사처럼, 결혼이나 출산 같은 지극히 사적인 문제에 이런저런 말을 얹기도 하고 다양한 잣대로 누가 더 잘나가는지 멋대로 비교하기도 합니다. 명절은 자주 만나지 않던 이들과의 소통이 집약적으로 이루어지는 시간이라 스트레스가 생길 확률이 높습니다.

출근을 안 하는 건 너무 좋지만 명절 내내 마주칠 여러 불편함들이 벌써부터 두려운 나를 위해 준비한 컬러는 바로 마젠타magenta입니다. 디자인 관련 업무를 하는 사람에게는 익숙한 이름일 겁니다. 주로 인쇄용 디자인을 할 때 사용되는 4가지 색인 CMYK[C(Cyan, 파란색), M(마젠타), Y(Yellow, 노랑), K(Key, 검정)] 중 하나입니다. 익숙한 듯 낯선 이 컬러는 '관대하게 무시하는 법'에 대한 아이디어를 줍니다.

　　　　　오늘의 기분은 무슨 색일까

186

오늘의 기분은 무슨 색일까

앞서 핫핑크색 선글라스를 쓰고 주변을 차단하는 상상을 했습니다(98쪽). 하지만 그건 회사라서 가능했어요. 피가 섞이고 법적으로 엮인 가족들에게는 썩 먹히지 않는 방법일 수 있습니다. 핫핑크만큼이나 화려하지만 한결 차분한 마젠타색을 떠올리며 관대함에 대해 생각해 보세요.

지금부터 깊은 심호흡을 세 번 해볼게요. 코로 깊이 들이마시고, 입으로 후– 뱉으며 내쉽니다.

나를 둘러싼 모든 대화에 일일이 에너지를 쓰지 마세요. 때로는 상대의 말에 대꾸하지 않는 것만으로도 우아해질 수 있습니다. 비범한 마젠타색의 기운으로 나를 보호하세요. 이번 명절도 슬기롭고 지혜롭게 지나갈 겁니다.

오늘의 기분은 무슨 색일까

Chapter 4.

내 안에
머무는
색

Mint

Dark Gray

White

Blue

Purple

Blue

Apricot

Sky blue

Green

White

빨리빨리가
전부는 아니니까

Mint

컬러　여유로운 민트색

명상　가짜 우선순위 구분하기

일을 하다보면 누군가를 기다려야 하는 상황이 종종 생깁니다. 상대가 먼저 처리해 줘야만 진행이 가능한 것들이 분명히 있으니까요. 이럴 때 사회 초년생들은 상사로부터 일명 '쪼는 법'을 배웁니다. 한마디로 재촉하라는 것이지요. 짜내야 한다, 빡빡하게 굴어서 악착같이 받아 내야 한다… 상대가 약속을 지키지 않으면 일이 커지니까요. 이처럼 상호 신뢰가 없을 때는 다들 지독해집니다.

반대로 나를 닦달하는 누군가를 마주하기도 합니다. 빨리 해야 하는데 집중이 안 되고 마음이 불편해집니다. 그러다 보면 익숙하던 일에서 실수가 생기기도 하지요. 일터에서 여유를 갖는 것은 너무 사치스러운 일일까요?

넷플릭스 시리즈 〈굿 플레이스〉는 사후 세계를 철학적이면서도 코믹하게 다룹니다. 좋은 이는 죽어서 굿 플레이스에 가고, 나쁜 이는 죽어서 배드 플레이스에 가는데요. 굿 플레이스에 사는 사람들은 더 이상 고통도 좌절도 없기 때문에 항상 여유롭게 웃고, 매사에 느긋하고, 타인에게 하는 행동도 다정합니다. 비일상적인 이 풍경 앞에 시청자들은 편안함을 느끼기보다 속이 터지는 답답함을 느낍니다. 현실의 나는 굿 플레이스 주민들처럼 살 수는 없으니까요.그렇지만 분명 우리는 조금의 여유가 필요합니다.

오늘의 기분은 무슨 색일까

오늘의 컬러는 '여유로운 민트색'입니다. 자주 조급하고 아슬해지는 마음에 지쳤을 나를 위해 민트캔디 한 알을 입에 물어봅시다.

지금부터 깊은 심호흡을 세 번 해볼게요. 코로 깊이 들이마시고, 입으로 후— 뱉으며 내쉽니다.

우리는 서로 상처입히지 않고도 충분히 일을 해낼 수 있습니다. 시원하고 개운한 민트색을 떠올리며 내가 지금 무엇에 연연하고 있는지 살펴보세요.

'나에게 이런 모멸감을 주다니…'

'답답하다. 답답해. 어려운 일도 아닌데 언제까지 할 거지?'

'더 빠르게 처리하지 못하는 내가 바보 같다.'

이런 부정적인 감정이 앞서고 있지는 않은지요. 하지만 이것들은 '가짜 우선순위'입니다. 잠시 격한 감정을 가다듬고 생각해 보면 '진짜 우선순위'가 치고 올라올 겁니다. 기분에 매여 있는 것이 아니라 앞으로 해야 할 행동이 떠오릅니다.

살다보면 일부러 일을 망치려는 사람도 분명히 있더군요. 공통적으로 함께 추구해야 할 일의 비전보다 자신의 기분을 우선시하는 사람 말입니다. 진짜 우선순위를 미처 정리하지 못한 것일 테지요. 그렇다고 그 사람의 기분을 맞춰주기 위해 무리하지는 마세요. 오히려 그럴 때는 먼저 칼같이 선을

　　　　　　　　　　오늘의 기분은 무슨 색일까

굿고 그 자리를 떠나세요. 나는 남의 기분을 맞추기 위해 태어난 존재가 아니고, 그럴 의무도 없으니까요.

그러나 일처리에 당황한 동료나 거래처 직원, 또는 은행이나 식당에서 만난 누군가가 오늘 의도치 않게 나에게 불편함을 줄지도 모릅니다. 그럴 때는 그들이 조금만 여유를 찾도록 기다려 주세요. 내가 베푼 부드러운 민트색 여유는 언젠가 내게도 돌아올 다정함일 테니까요.

오늘의 기분은 무슨 색일까

책임감의

무게

————————————————————— *Dark Gray*

컬러　자책하는 진회색

명상　앞으로의 방향 재설정하기

직장에서 나는 어떤 일에 책임감을 느끼나요?

'점심은 절대 아무거나 먹을 수 없지!'

누가 부탁한 것도 아닌데 메뉴 선정에 막중한 책임감이 있는 사람도 있고, 분위기가 가라앉는 것을 견디지 못해 열심히 대화를 이끄는 사람도 있습니다. 모두 대단한 책임감이지요. 어떤 회사는 직원에게 오너십 즉, 오너와 같은 의식을 가질 것을 요구하기도 합니다. 그럴 때면 '아니, 오너가 아닌데, 오너 만큼 돈을 안 받는데, 어떻게 오너처럼 생각해?'라는 불퉁한 속마음이 튀어나오기도 합니다.

그 외에도 일하면서 가지는 크고 작은 책임은 많습니다. 계정 비밀번호 관리, 각종 대외비와 보안 사항, 광고주, 고객, 민원, 데이터… 지키고 돌봐야 할 게 참 많습니다.

그동안 어떻게 이런 무거운 책임을 어깨에 올려놓고 살았을까요. 고생 참 많았습니다.

오늘의 컬러는 '자책하는 진회색'입니다. 도시에서 쉽게 찾아볼 수 있는 아스팔트나 시멘트와 비슷하니 어쩌면 도시의 색이라고 할 수도 있겠네요. 흔하지만 눈에 부담이 가지 않는 이 색에서 자책이라는 단어를 떠올려봅니다. 자책과 책임에는 같은 한자(責, 꾸짖을 책)가 들어갑니다. 주변을 보면 책임감이 강한 사람들이 자책하는 경우가 많습니다. 뻔뻔한

이들은 자책보다는 남 탓을 하니까요. 최근에 자책한 일이 있다면 정말 나 혼자 떠안아야 할 문제였는지 생각해 보세요. 다른 사람이나 조직 구조, 업무 처리 방식의 문제는 없었을까요? 예를 들어 애초에 작은 사이즈의 피자를 주문했는데 누군가 피자가 너무 작아서 먹을 게 없다고 불평을 했다면, 주문한 내가 잘못한 것 같으니 자책에 빠질 겁니다. 그렇지만 그때 주문이 가능한 피자 가게는 그곳밖에 없었고, 주문 당시에는 이렇게 여러 인원이 먹으러 올 줄 몰랐다면요? 이처럼 세상일은 모든 걸 예측하기란 불가능합니다. 그러니 모든 문제가 내 탓일 리 없지요. 자책하며 잘잘못의 지분을 따지는 것보다 앞으로 나아갈 방향을 재설정하는 게 훨씬 빠르고 평화로운 길입니다.

짙은 회색빛을 떠올리며 지금부터 깊은 심호흡을 세 번 해 봅니다. 코로 깊이 들이마시고, 입으로 후– 뱉으며 내쉽니다. 마음 깊이 가라앉아 있던 돌덩이가 흩날리는 재로 변한다고 상상해 보세요. 돌처럼 무거운 자책하는 마음이 가벼워집니다. 그동안 과하게 지고 있던 책임감을 조금씩 덜어내 보세요.

숨을 길게 끝까지 내뱉으며 마음속 잿더미를 후후 불어 날려 버리세요. 나의 기분은 언제든 바꿀 수 있습니다. 좀 더 편안해질 수 있습니다.

오늘의 기분은 무슨 색일까

오늘의 기분은 무슨 색일까

내 마음대로
할 수 있는 게 뭘까?

컬러   가능한 흰색

명상   마음에 공간 만들기

일하면서 '가능하다'는 표현을 얼마나 자주 쓰고 있나요? "다음 주까지 가능할 것 같습니다!"처럼 앞으로의 일을 약속하거나 보장할 때 쓰는 말인데요. 평범한 단어 같지만 사회생활을 할 때는 부담스럽고 무겁게 느껴지는 표현이기도 합니다.

인터넷에서 한때 '급여체'라는 밈이 유행했지요. 급여를 받는 직장인들의 업무용 은어를 모아놓은 말입니다. 가능하다는 확신의 말을 하기가 어려울 때 수많은 급여체 문장이 등장합니다. '내부 검토를 해보겠습니다', '크로스체크 해보겠습니다' 등으로 둘러댑니다. 확신의 말보다 최대한 우회적인 말로 명확한 의사 표현을 피해 돌아가고는 합니다.

일터는 나를 조심스럽고 신중하게 만듭니다. 어디서 터질지 모를 위험에 대비하느라 잔뜩 움츠러들기도 합니다. 작은 일 하나도 확답할 수 없는 상황이 쌓이면 결국 큰 스트레스가 됩니다. 혹시 나는 사소한 것 하나도 결정할 수 없는 사람이라고 지레짐작하고 있지는 않은가요. 그런 괴로움에 빠져 있다면, 지금 바로 눈부시게 하얀 도화지가 발아래 깔려 있다고 생각해 보세요. 무엇이든 내 마음대로 그려볼 수 있는 흰색의 거대한 종이입니다.

오늘의 기분은 무슨 색일까

오늘의 컬러는 '가능한 흰색'입니다. 흰색의 첫인상은 우윳빛의 깨끗함이지만, 복잡하고 괴로울 때 '머릿속이 하얗게 된다'는 표현을 쓰기도 합니다.

어떤 것도 확실하게 가능하다고 말하기 어려운 직장생활에서 무엇이든 가능한 마음의 공간을 만들어봅시다.

지금부터 깊은 심호흡을 세 번 해봅니다. 코로 깊이 들이마시고, 입으로 후– 뱉으며 내쉽니다. 경계 없는 흰색이 무한하게 계속되는 곳에서 잠시 쉬어가세요. 이 공간은 아무리 걷고 뛰어도 끝나지 않습니다. 혹, 흰색을 보고 무슨 색이든 칠해야 할 것 같은 강박이 느껴진다면 마음을 잠시 내려놓아 봅니다. 여백이 있어도 괜찮습니다. 이 공간이 내가 선택한 것이기에 가치와 의미가 충분합니다.

빌런이 되고 싶은
사람은 없다

Blue

컬러   사려 깊은 파란색

명상   더 넓고 깊어지기

영화나 드라마에서 나쁜 역할을 맡는 캐릭터를 '빌런'이라고 합니다. 그런데 최근에는 가상이 아닌 현실에서도 많이 찾아볼 수 있지요. 많은 직장인이 회사 내 빌런 때문에 힘들어하고, 결국 이직을 준비하는 이유가 되기도 합니다. 빌런이 되고 싶은 사람은 없을 겁니다. 오히려 가능하다면 모두에게 좋은 이미지로 남고 싶겠지요. 오늘은 멋진 동료가 되고 싶은 마음을 담은 컬러로 함께 명상하겠습니다.

오늘의 컬러는 '사려 깊은 파란색'입니다. 파란색은 하늘이나 바다 같은 넓고 깊은 대자연을 떠오르게 합니다. 우리는 하늘이 얼마큼 넓은지, 바다가 얼마큼 깊은지 알 수 없어요. 파랑은 신비로우면서 동시에 나를 내맡기고 의지하고 싶어지는 안정적인 에너지를 가지고 있습니다. 좋은 동료란 이렇게 의지하고 싶은 믿음을 주는 사람이 아닐까요?

사람의 생각과 마음도 깊이를 알 수 없습니다. 불교 철학에 '사무량심四無量心'이라는 개념이 있습니다. 자(慈, 자애), 비(悲, 연민), 희(喜, 함께 기뻐하는 것), 사(捨, 평정심) 이렇게 네 가지 마음은 인간이 모두 가지고 있는 보편적인 것으로, 무한대로 계발하고 발전시킬 수 있다는 뜻입니다.

회사 내 빌런들은 모종의 이유로 이런 마음을 베풀 여유가 없을 겁니다. 오늘 하루는 파란색을 떠올리며 나는 여전히 더 넓고 깊어질 수 있다고 생각해 보세요.

오늘의 기분은 무슨 색일까

지금부터 바디스캔 명상을 함께하겠습니다. 앉거나 서 있거나 혹은 누운 상태에서 천천히 호흡하며 뒷목, 어깨, 허리, 골반, 무릎, 발목, 발끝의 순서로 주의를 옮겨 볼 거예요. 오늘의 컬러인 파란색 에너지가 머리 꼭대기에서 천천히 아래로 퍼지는 이미지를 생각하면 쉽습니다. 들어오고 나가는 호흡에 내 몸을 마치 핸드폰 줌으로 당겨 사진 찍듯이 스캔해 봅니다. 불편하거나 뻣뻣한 부위가 있다면 호흡을 두세 번 더 하며 머물러도 좋습니다. 긴장된 몸이 충분히 이완될 거예요.

오늘의 기분은 무슨 색일까

나만의 기준을
가졌는가

컬러   가치 있는 보라색

명상   나에게 질문하기

아침에 눈을 뜨고 출근을 준비할 때 어떤 마음이 드나요? 더 자고 싶고 오늘이 무슨 요일인지 헤아리는 경우가 많겠지요. 일본어에 '이키가이生甲斐'라는 표현이 있습니다. '삶生'과 '보람甲斐'을 합친 단어인데요. 이키가이를 찾은 사람은 아침에 일하러 갈 마음에 기쁘게 잠에서 깰 수 있다고 합니다. 쉽게 이키가이를 찾을 수는 없겠지만, 그래도 조금씩 가까워질 수 있도록 도와줄 컬러를 찾아보았습니다. 오늘 함께 명상해 볼 컬러는 '가치 있는 보라색'입니다.

보라색은 빨강과 파랑의 중간 지점에 있는 색입니다. 빨강과 파랑은 각각 개성이 강합니다. 회사생활에 빗대어 보자면 어떤 상사는 빨강이 중요하다고 하고, 또 다른 상사는 파랑이 중요하다고 하는 상황에서 나는 어떤 의견을 따라야 할까요? 이럴 때 필요한 것은 나만의 보라색 기준점입니다.

일하면서 꼭 지키고 싶은 것을 만들어보세요. 스스로 고민하고 정의한 가치는 반드시 필요합니다. 저는 티켓예매 플랫폼에서 일했을 때 수없이 많은 콘서트, 뮤지컬을 담당했습니다. 수천 장의 티켓이 실시간으로 판매되는 것을 지켜보면서 '고객들의 소비를 당연히 여기지 않겠다'는 저만의 가치관이 있었어요. 저도 어린 시절부터 누군가의 팬이었고 열심히 티켓팅에 도전해 왔기 때문이지요.

오늘의 기분은 무슨 색일까

오늘의 기분은 무슨 색일까

오늘 일하면서 다른 사람이 정해준 것이 아닌 '내 일에서 나에게 중요한 가치가 뭐지?'라고 질문을 던져보세요. 직업인으로서 한 단계 성장하는 기회가 될 겁니다.

지금부터 바디스캔 명상을 함께해 볼게요. 앉거나 서 있거나 혹은 누운 상태에서 천천히 호흡하며 뒷목, 어깨, 허리, 골반, 무릎, 발목, 발끝의 순서로 주의를 옮겨 보겠습니다. 오늘의 컬러인 보라색의 우아하고 꼿꼿한 에너지가 머리 꼭대기에서 천천히 아래로 퍼지는 이미지를 생각해 보면 쉬울 거예요. 들어오고 나가는 호흡에 내 몸을 마치 핸드폰 줌으로 당겨 사진 찍듯이 스캔해 봅니다.

오늘의 기분은 무슨 색일까

월급이 통장을
스쳐 간다

———————————————————— *Blue*

컬러   자유로운 파란색

명상   이성적으로 판단하기

분명히 얼마 전 월급이 들어온 것을 확인했는데 이상하네요. 카드 값, 각종 콘텐츠 구독료, 월세와 대출 이자 등이 빠져나가고 남은 잔고를 보면 허무한 기분이 듭니다. 누구는 부업을 하고 N잡을 해서 '부의 파이프라인'을 구축하고, 일명 '경제적 자유'를 누리게 되었다는 이야기가 소셜미디어에 가득합니다. 질세라 주식과 가상 자산, 부동산 투자 시장에 뛰어드는 이들도 많습니다. 이렇게 하다 보면 테슬라의 창업주 일론 머스크가 트위터에 쓴 "to the moon"(코인 가격 급상승을 뜻하는 은어)처럼 달에 닿을 것만 같습니다. 이삽십대 평범한 여성 직장인들이 가상화폐 투자로 일확천금을 노리는 내용의 소설 《달까지 가자》(장류진 지음, 창비, 2021)가 출간되기도 했지요.

투자에 성공해 100억 원대의 부자가 되어 회사를 그만둔 건너 건너 아는 사람의 이야기가 전설인 듯 사실인 듯 떠돌아다닙니다. 분명히 부자가 된 사람도 있겠지요. 그러나 누군가는 빚을 내 투자하다 높은 대출 이자에 허덕이며 울며 겨자 먹기로 회사를 다니고, 혹은 실패한 투자를 비관하며 세상을 등지기도 했습니다.

일하며 살아가는 모두가 경제적 자유를 꿈꿉니다. 그런데 정말 돈만이 나를 자유롭게 해줄까요? 애초에 자유란 무엇일까요? 오늘의 컬러는 '자유로운 파란색'입니다.

구름 한 점 없는 파란 하늘을 떠올려봅니다. 갑자기 모든 사람이 날 수 있게 되었다고 상상해 보세요. 모두가 각자의 방식으로 비행을 즐길 겁니다. 끝없이 더 높은 곳으로 올라가기를 원하는 이들도 있겠지요. 하지만 고소공포증이 있거나 빠른 비행 속도가 무섭다면 그냥 땅에서 멀지 않은 곳에서 그대로 행복할 수 있지 않을까요?

지금부터 깊은 심호흡을 세 번 해봅니다. 코로 깊이 들이마시고, 입으로 후– 뱉으며 내쉽니다. 우리 모두는 자기만의 속도와 높이를 가지고 있습니다. 경제적 자유라는 표현은 시장의 언어일 뿐이죠. 시원한 파란색의 에너지가 이성적인 판단을 도와줄 겁니다. 나에게 필요한 자산, 원하는 경제적 물질을 구체화해 보세요. 꼭 가져야 하는 것이 맞는지 따져보되, 나를 위한 공부와 투자는 아끼지 말아야겠지요.

오늘의 기분은 무슨 색일까

오늘의 기분은 무슨 색일까

우리에게는
감정이 있다

———————————— *Apricot*

컬러　온정적인 살구색

명상　사람, 떠올리기

기술이 발전하면서 사람이 하던 일을 기계가 대신하는 경우가 많습니다. 업무 효율을 높이는 툴 역시 계속해서 만들어지고 보급되고 있습니다. 가까운 미래, 사람의 역할을 더 일상적으로 대신할 컴퓨터와 로봇들은 일이 힘들다고 울지도 않겠지요. 울컥하는 감정 자체를 모를 테니까요. 일터에서 마음이 힘들 때, 감정 스위치를 잠시 끄면 되지 않을까 싶지만 말처럼 쉽지는 않습니다. 나에게는 감정이 있고, 일터에서 감정 노동을 요구당하기도 합니다. 웃기지 않아도 웃어야 하는 일도 있고, 친절하거나 예의 있어 보이기 위해 어떻게 하면 더 부드럽게 말할 수 있는지 고민합니다.

기계와 달리 일희일비하는 존재가 사람입니다. 강철 같은 멘탈이 없기 때문에 속상하고 서운할 때도 많지요. 감정을 쥐고 흔드는 이들과 자주 부딪히다 보면 감정을 느끼는 것 자체가 귀찮아지기도 합니다. 그러나 싫든 좋든 무언가를 느끼는 마음 그 자체가 기계와 구별되는 사람만의 온기일 겁니다. 온기가 있기에 타인을 '일'이 아닌 '사람'으로 보게 됩니다.

간혹 참조자 목록이 잔뜩 붙은 메일을 주고받을 때가 있습니다. 여러 명이 함께 확인해야 할 내용이 있을 때 그렇지요.

오늘의 기분은 무슨 색일까

알파벳이나 숫자, 약간의 특수기호로 이루어진 이메일 주소들 뒤에는 나와 같은 사람이 있다는 실감이 좀처럼 나지 않습니다. 팬데믹 이후 재택근무가 보급되면서 온라인 화상회의 플랫폼이 대면 회의를 대체하기 시작했습니다. 수십 명의 얼굴이 손톱만 한 크기로 보이지요. 모두 다른 생각과 감정을 가지고 있지만 그걸 이해하기에는 화상회의 속 각자의 지분은 너무 작기만 합니다. 그러나 이메일 주소, 화상회의 너머에는 나와 같은 처지에 놓인 '사람'이 있다는 것을 기억해 보세요.

좀처럼 사람 사이의 정이나 따뜻함이 느껴지지 않는 요즘이라면, 오늘의 컬러 '온정적인 살구색'과 함께 명상해 봅시다. 살구색은 전에 한국인의 보편적인 피부색과 비슷해 살색이라는 이름으로 불렸지만, 2010년 국가인권위에서 살구색으로 시정하도록 권고한 바 있습니다.

지금부터 깊은 심호흡을 세 번 해보세요. 코로 깊이 들이마시고, 입으로 후– 뱉으며 내쉽니다. 인간관계에서 존중과 호의가 느껴지는 순간을 더 자주 경험할 수 있는 내가 되기를 바랍니다. 사람이 가진 마음의 온기를 닮은 살구색의 따뜻한 에너지가 채워진다고 상상해 보세요. 눈을 감고 반복해도 좋습니다.

평소에 아이스아메리카노만 고집하는 타입일지라도 오늘만큼은 적당히 따뜻한 온도의 차나 커피 한잔을 마셔보는 건 어떨까요. 컵의 온기를 손으로 꼭 느껴보고요. 실험에 따르면 각각 차갑거나 따뜻한 온도의 차를 들고 누군가를 판단하게 했을 때, 따뜻한 차를 쥔 쪽이 좀 더 후한 평가를 했다고 합니다. 오늘 하루, 우선 나에게 상냥하게, 그리고 함께 일하는 동료들에게도 온정을 전해 보는 하루가 되기를 바랍니다.

오늘의 기분은 무슨 색일까

커피 좀 마시고

올게요

———————————————— *Sky blue*

컬러 마음에 틈을 주는 하늘색

명상 작은 성취감 떠올리기

평일 오후, 사무용 빌딩이 많은 지역의 카페는 직장인들의 대피소 같은 느낌입니다. 카페인이나 당 충전을 위해 메뉴를 주문하고, 잠시 숨을 돌리는 장소니까요. 카페에 오기 전까지는 한꺼번에 몰려오는 일 처리를 위해 애를 먹습니다. 이 회의가 끝나면 저 회의가 시작, 일은 언제 하나 싶을 때도 있고요. 정신없을 때는 체력이 깎이는 게 실시간으로 느껴지고, 잠깐 방심했다가는 실수로 이어질 수도 있지요. 어떤 날은 내가 하는 일의 종류는 많은 것 같은데 정작 뭘 잘하는지 알 수 없어서 속상해지기도 합니다. 일을 많이 하는 것도 서러운데 늘 고만고만한 것 같고 언제 성장하나 싶어 막막하지요.

한숨이 푹푹 나오는 이런 날들의 공통점은 하늘 한 번 올려다볼 시간이 없다는 건데요. 그래서 오늘의 컬러는 '마음에 틈을 주는 하늘색'입니다. 푸른 하늘을 떠올리며 잠시 마음의 틈을 만들 수 있도록요.

쉴 틈 없이 몰아치는 업무 사이에서 살짝 열이 오른 머리를 파스스 식힐 수 있도록, 청량함을 담은 하늘색 에너지를 느껴보세요. 맑은 하늘을 보면 저절로 눈길이 머무르는 것처럼, 하늘색은 복잡한 일과 속에서도 한숨 돌리게 해주는 편안함을 닮았어요. 오후의 달콤한 티타임과 무심코 올려다본 하늘은 비슷한 느낌을 줍니다. 그런 휴식의 힘이 필요할

오늘의 기분은 무슨 색일까

때 오늘의 컬러를 떠올려보세요.

바쁘거나 막막할수록 일은 커다랗게 보이기 마련입니다. 그럴 때는 일의 단위를 작게 쪼개 하나씩 해치운다고 생각해보세요. 이런 작은 성취감이 모여 성장한 나를 만듭니다. 그 과정에서 지쳐 포기하지 않기 위해서는 마음속 틈이 꼭 필요하고요. 오늘 하루는 나를 위한 시간을 충분히 보내면 좋겠습니다.

만트라 명상을 해보겠습니다. 다음 문장을 소리내 읽어보세요. 상황이 여의치 않다면 속으로 따라 읽어도 괜찮습니다.

- 나는 바쁜 하루를 보내며 차곡차곡
  성장하고 있습니다.
- 어렵거나 두려운 일도 작은 것부터
  해나갈 수 있습니다.
- 그것을 위해 마음속 작은 틈을
  만들 수 있습니다.

오늘의 기분은 무슨 색일까

타인의 삶에
마음이 흔들릴 때

컬러   조화로운 초록색

명상   마음에 중심 잡기

연말에는 평소보다 많은 이들을 만나게 됩니다. 크리스마스트리에 주렁주렁 달린 장식처럼 다양한 만남이 기다리고 있지요. 특히 소셜미디어로만 연결돼 있다가 오랜만에 보는 얼굴들이 반갑습니다. 그간 핸드폰 속에서 보아왔던 모습이 상대의 전부는 아닐 거예요. 정신없이 흘러가는 일상 속에서 사진을 몇 장 찍고, 그중에서도 괜찮은 것들을 골라 보정한 후에 글과 이모지로 한껏 꾸며 올렸을 테니까요. 그렇지만 직접 만나지 않고 이렇게 소셜미디어를 들여다보기만 하면 자주 망각합니다. 친구의 사진이 모두 일상적인 것이라고요. 나보다 나은 삶을 사는지 은근슬쩍 비교하며 '좋아요'를 누르고는 합니다.

초록은 균형의 미덕을 알려주는 색입니다. 연말연시 쏟아지는 주변 사람들의 소식을 받아들일 나를 보호하기 위해서는 마음의 중심을 지켜야 합니다.

오늘은 '조화로운 초록색'이 가진 흔들리지 않는 균형의 에너지를 빌려 명상해 보겠습니다. 소나무를 생각해 보세요. 사계절 내내 초록색을 유지하며 변하지 않습니다. 소나무의 색을 떠올리며 내 안에 균형을 발견해 봅시다. 어느 쪽으로도 치우치지 않고 비교하지 않으며 있는 그대로의 나를 긍정해 주는 균형은 이미 내 마음속에 있습니다.

오늘의 기분은 무슨 색일까

지금부터 깊은 심호흡을 세 번 해보세요. 코로 깊이 들이마시고, 입으로 후– 뱉으며 내쉽니다. 어떤 이야기도 나의 생각과 태도에 감히 부정적인 영향을 줄 수 없습니다.

물이나 기름에도 잘 지워지지 않는 초록색 페인트를 나의 멘탈에 꼼꼼하게 칠해 봅니다. 그리고 좋은 사람들을 실컷 만나며 즐거운 시간을 보내세요. 그러나 평소보다 조금 들떠 있는 사람들 틈에서도 내 마음을 돌아볼 시간은 잊지 말자고요.

오늘의 기분은 무슨 색일까

243　　　　　　　　　　　　　　　오늘의 기분은 무슨 색일까

미래의

나에게

컬러   용감한 흰색

명상   일단 가보기

12월 31일과 1월 1일의 마음가짐은 겨우 하루 차이인데도 이상하게 다릅니다. 12월, 마지막 퇴근을 하며 동료들과 "내년에 봬요"라는 실없는 농담을 나눈 지가 엊그제 같은데 벌써 새해가 밝았네요. 바뀐 년도에 적응이 덜 되어 날짜를 잘못 쓰는 실수는 다들 귀엽게 봐줄 거예요. 새해 시즌이 특별한 이유는 모두가 함께 같은 변화를 맞이했기 때문입니다. 다들 '올해는 처음'이니까 서로 조금씩 너그러워지고 풀어지는 분위기가 허용되는 것 같아요.

더불어 새해에는 다들 용감해집니다. 올해는 어떤 용감한 자기계발 계획들을 세울 예정인가요? 금연, 다이어트, 외국어 공부 등 뭐든 해보겠다는 마음이 솟아나고 있을 겁니다. 물론 새해 계획을 정하기 싫은 사람도 있습니다. 계획대로 될 리가 없다는 생각이 반복되면 거대한 무력감이 올 수 있어요. 그러나 '새해의 나'는 분명 뭐든 해낼 겁니다. 새해 운세가 궁금해 점집이나 타로카드를 보러 가는 것도 좋지만, 그보다 먼저 컬러 명상을 해보는 건 어떨까요.

머릿속을 깨끗한 흰색 에너지로 가득 채워보세요. 오늘의 컬러는 '용감한 흰색'입니다.

판타지 세계관 속 멋진 기사를 상상해 보세요. 흰 제복을 차려입고 흰 말을 타고 검을 휘두르며 마법의 성으로 떠나는 날입니다. 그 혹은 그녀는 눈부시게 빛나고 용맹해 보이지만, 내면에는 불가능에 가까운 임무를 성공해야 한다는 압박감과 두려움이 가득합니다. 흰색은 미지의 색입니다. 새해를 맞은 싱숭생숭한 마음과도 닮아 있네요. 어떤 장애물이 우리 앞을 가로막을지 모르지만 일단 가보자고요.

눈부신 흰색의 조명이 나에게 쏟아진다고 상상하며 지금부터 바디스캔 명상을 함께하겠습니다. 들어오고 나가는 호흡에 내 몸을 마치 핸드폰 줌으로 당겨 사진을 찍듯이 스캔해 봅니다. 불편하거나 뻣뻣한 부위가 있다면 호흡을 두세 번 더 하며 머물러도 좋습니다. 긴장된 몸이 충분히 이완되면 한 단계 더 용감해진 기분이 들거예요.

오늘의 기분은 무슨 색일까

찾아보기

이럴 때 이런 색 :
상황별 맞춤형 컬러 가이드

1~3월

p. 32   출근 후 기운이 하나도 없을 때

p. 38   내 커리어, 물경력인 것 같을 때

p. 20   직장에서 소외감이 들 때

p. 50   환승 이직을 준비할 때

p. 26   내 일이 중요해 보이지 않을 때

p. 44   나만 긍정적인 것 같을 때

p. 244   새해를 맞이할 때

p. 14   잘하고 싶은데 도저히 안 될 때

p. 66   업무 평가를 받았을 때

p. 56   실수하고 멘탈이 돌아오지 않을 때

4~6월

p. 74   후배가 어려울 때

p. 80   자기계발 스트레스를 받을 때

p. 86   연휴나 주말을 보내고 왔을 때

p. 92   처음 맡은 일이 어려울 때

p. 98   누구 때문에 출근이 싫어질 때

p. 104   눈에 띄기 싫을 때

p. 110   일잘러가 되고 싶을 때

p. 116   무관심에 서러울 때

p. 120   퍼스널 스페이스를 지키고 싶을 때

p. 126   주말에 아무것도 하기 싫을 때

7~9월

p. 134   휴가를 앞두고 바쁠 때

p. 140   집중력이 떨어졌을 때

p. 146   열정과 의욕이 사라졌을 때

p. 152   답답한 상황에 한숨만 나올때

p. 158   셀프 검열을 벗어나고 싶을 때

p. 162   프로젝트가 끝나서 후련할 때

p. 166   갑자기 나이든 것 같을 때

p. 172   연이은 야근에 지쳐 있을 때

p. 178   직장에서 마음의 문을 닫고 싶을 때

p. 184   추석 명절이 두려울 때

10~12월

p. 192   카운터파트 때문에 마음이 급할 때

p. 198   부족한 나를 탓하는 마음이 들 때

p. 204   아무것도 결정할 수 없어 힘 빠질 때

p. 210   좋은 동료가 되고 싶을 때

p. 60   갑질에 자존심 상할 때

p. 216   일하며 보람을 찾고 싶을 때

p. 222   월급이 통장을 스쳐 갔을 때

p. 234   일하다 잠시 커피 마시며 쉴 때

p. 228   감정 노동에 지칠 때

p. 238   연말연시 약속이 많을 때

오늘의 기분은 무슨 색일까?

하루를 내 편으로 만드는 컬러 명상 수업

초판 발행일 2023년 11월 13일

지은이 김아라
펴낸이 고은주
디자인 studio fttg
펴낸곳 스테이블

출판등록 2021년 1월 6일 제320-2021-000003호
주소 서울시 마포구 독막로10 성지빌딩 606호
전화 (02) 885-1084
팩스 (0504) 260-4253
이메일 astromilk@hanmail.net

ISBN 979-11-973932-9-7 (03180)

YES24 그래제본소

북펀딩에 참여해준 고마운 벗들

강서윤	문소희	유경화	장희원
강승우	문주희	유민진	전미솔
강혜영	박경화	유보라	전소라
강혜지	박단예	유인순	정민기
권기현	박미정	윤석임	정영교
권소연	박지연	윤지원	정의선
김민석	박해주	이미진	정효진
김민정	배율규	이보라	조남훈
김상혁	신경범	이상미	조민지
김선	신나온	이소영	조유빈
김승혜	신두란	이소현	진지은
김시내	안득주	이수영	최민석
김원도	안솔	이슬기	최예린
김유진	안종민	이영준	최지윤
김주영	안지현	이예원	한동윤
김진수	양소라	이윤경	함보름
김현경	양은희	이이나	홍슬기
김현주	염상동	임필자	황서윤
김혜영	원새롬	장현아	황효진